DU RIFIFI
CHEZ LES GRENOUILLES

YVON TABURET

Éditions ART ET COMÉDIE
2, rue des Tanneries
75013 PARIS

NOTE SUR L'AUTEUR

Yvon Taburet est un auteur qui vit en Bretagne dans une petite localité du Morbihan. C'est dans le quotidien des gens qu'il puise son inspiration. La cohabitation et l'éloge de la différence sont des thèmes récurrents que l'on retrouve dans presque toutes ses comédies. Dix de ses pièces sont déjà parues chez Art et Comédie.

PERSONNAGES

GUY

MARIETTE

LAURENT

LILIANE

JO

SAMANTHA

ROGER

PAULETTE

JUAN-PEDRO

DOLORÈS

MARIUS

DECOR

Un intérieur de maison de campagne. Un salon avec un canapé. Côté jardin, un escalier et un palier permettant les entrées et sorties vers le public. Ce palier-terrasse pourra être agrémenté d'une petite balustrade. En fond de scène, une porte menant vers les chambres et une autre vers la cuisine. Côté cour, une porte d'entrée.

ACTE I

Sur scène, Mariette et Guy. Mariette est sur la terrasse, accoudée à la balustrade. Elle écoute d'un air béat le chant des grenouilles. Guy, un portable à l'oreille, est dans la maison ; il cherche l'endroit idéal pour capter. Après avoir essayé plusieurs endroits, il va sur la terrasse pour y découvrir Mariette.

GUY - Tiens ! Tu es là ? Qu'est-ce que tu fais ?

MARIETTE - Tu vois, j'écoute les grenouilles. J'adore cet endroit ! J'ai l'impression d'être entourée de centaines de princes charmants à qui on aurait jeté un sort. Pauvres petits princes ! Les voilà tous transformés en grenouilles, à présent.

GUY - Complètement folle ! Décidément, ma pauvre fille, ça ne s'arrange pas.

Il entre dans la maison et cherche à nouveau à capter.

MARIETTE - Au revoir mes princes et mes princesses. À plus tard !

Elle rejoint Guy dans la maison.

GUY *(se perchant dans différents endroits de la pièce)* - Allô ! Allô ! On ne capte rien ici ! Qu'est-ce que c'est agaçant ! Allô !

MARIETTE - Eh bien, moi, au contraire, je trouve cela très bien.

GUY - Comment ça très bien ? Qu'est-ce que tu dis ?

MARIETTE - Je dis que je suis ravie de constater que tu ne captes pas. Tu vas enfin avoir la chance de pouvoir te désintoxiquer. Profites-en ! Je ne sais pas si tu t'en rends compte, mon pauvre chéri : tu ne peux plus faire un pas sans utiliser ton satané portable. Ce n'est plus un portable, c'est un vrai cordon ombilical !

GUY - Tu exagères !

MARIETTE - Pas du tout ! Ce téléphone c'est devenu ton doudou, ton mimi, ta peluche ! N'aie pas peur ! Tu sais, il ne va rien t'arriver si tu t'en sépares.

GUY - Est-ce de ma faute si j'éprouve le besoin de communiquer ?

MARIETTE - Avec les autres, oui ! Tu penses bien si je m'en suis aperçue ! Monsieur passe des heures au téléphone et, pendant ce temps-là, monsieur oublie l'essentiel : monsieur oublie tout simplement de communiquer avec sa femme.

GUY - Ah ! nous y voilà ! Je me demandais pourquoi ma lionne sortait ses griffes… Voyons, qu'y a-t-il ? Ma gazelle se sent délaissée ? C'est cela ?

MARIETTE - Mais oui !… Parfois.

GUY - Et d'après toi à quoi ça sert que ton gentil mari se décarcasse ? Hein ? Qui a eu l'idée de venir ici pour fêter ton anniversaire ? Qui t'a aidée à rédiger les invitations ? Alors ? Y verrais-tu un signe de désintérêt ? Réponds, fille de mauvaise foi !

MARIETTE - Mais oui, mon petit chéri… Je te l'accorde, tu as eu une bonne idée… Tu as surtout eu l'excellente idée de te faire inviter par ton beau-frère et ta belle-sœur… Sans eux, nous n'aurions jamais pu organiser ce rassemblement.

GUY - N'empêche que c'est tout de même moi qui ai pensé à cet endroit… Ceci dit, il est vrai que ton frère et Liliane ont tout de suite été adorables et n'ont pas hésité un seul instant à proposer leur maison.

MARIETTE - Ça, ce n'est pas un scoop. Cela fait déjà belle lurette que nous connaissons la générosité légendaire de Liliane et Laurent. Cela ne m'étonne pas… D'ailleurs, nous sommes tous comme cela dans la famille. La générosité est notre seconde nature.

GUY - Et la modestie est votre première ? C'est cela ?

MARIETTE - Tu peux toujours essayer de railler, il n'empêche que c'est la vérité.

GUY - Bien sûr, bien sûr ! Dans votre famille, vous êtes tous parfaits !

Arrivée de Liliane et Laurent. Ils viennent de l'extérieur. Laurent porte des lunettes noires : il est aveugle.

LAURENT - Heureux de te l'entendre dire, mon cher beau-frère. Tu as mis du temps à t'en rendre compte, mais tu as raison : nous sommes parfaits. N'est-ce pas petite sœur ?

Après avoir tâtonné, Laurent cherche à se rapprocher de Mariette. Elle vient alors vers lui. Ils s'embrassent.

MARIETTE - Évidemment mon Lolo ! Des comme nous, il n'y a pas mieux.

GUY - N'importe quoi ! Regardez-les ces deux-là ! Non mais je vous jure ! Il y a des jours on aimerait bien être sourd.

LAURENT - On a déjà un aveugle dans la famille, tu ne crois pas que c'est suffisant ?

GUY - Ah ! ça c'est malin ! Mon cher beau-frère, méfie-toi avec tes blagues vaseuses parce que moi aussi… je t'ai à l'œil !

Ils rient en se donnant des tapes dans le dos.

LILIANE - Alors ? Avez-vous des nouvelles de vos amis ?

GUY - Comment veux-tu en avoir ? Impossible de capter quoi que ce soit par ici.

LILIANE - Guy, faut-il te rappeler que nous sommes au cœur du marais ?

LAURENT - C'est bien pour cela qu'ils n'ont pas pu implanter un émetteur et, crois-moi, c'est tant mieux ! Ici on préfère rester en communication directe avec les grenouilles. Nous n'avons pas besoin de parasites sonores. Tu te rends compte de la chance que t'as, mon Guitou ? Le temps d'un week-end, tu vas pouvoir arrêter tes sonneries. Cela te changera.

MARIETTE - C'est exactement ce que je me tue à lui expliquer… Savez-vous que je vous envie de vivre ici ? Cet endroit est si extraordinaire ! J'espère que nos amis apprécieront autant que nous ce cadre merveilleux.

GUY - À condition qu'ils le trouvent… Je ne sais pas ce qu'ils fichent… Ils devraient être là… Et dire que je ne peux même pas les joindre ! *(Il manipule son portable.)*

MARIETTE - Ah non ! Tu ne vas pas remettre ça ! Bien sûr qu'ils vont arriver ! À pied, à cheval ou en voiture, mais ils vont arriver. Veux-tu que je récapitule ? Dolorès et son nouveau fiancé vont certainement venir en voiture. D'accord ?

GUY - Comment cela, son nouveau fiancé ? Elle n'est plus avec son rugbyman ?

MARIETTE - Mon pauvre ami, tu as encore un métro de retard ! Le rugbyman, cela fait six mois qu'il la plaquée.

GUY - Remarque, c'est un peu normal… Se faire plaquer par un rugbyman…

MARIETTE - Et monsieur trouve ça fin ? Franchement, il y a des jours, tu n'es vraiment pas aidé.

GUY - Oh ! on peut bien rigoler cinq minutes ! Pas vrai Laurent ?

LAURENT - Comme on dit au rugby : « Je ne voudrais pas m'en mêler. »

GUY - Ouais ! C'est ça ! Tu préfères botter en touche. *(À Mariette.)* Bon ! Ensuite ? Et les autres ?

MARIETTE - Jo et les autres devraient arriver à pied. C'est bien ce que tu as prévu, non ?

GUY - Tu connais Jo, la reine de la rando : pour rien au monde elle aurait voulu qu'on vienne la chercher à la gare. Elle devait juste se charger de convaincre les autres invités.

LILIANE - Ça fait tout de même une petite trotte pour venir jusqu'ici.

LAURENT - Tu l'as dit ! J'espère qu'ils aiment marcher, parce que sinon…

MARIETTE - De toute façon, même si nous l'avions voulu, cela n'aurait pas été possible d'aller les chercher puisque Guy a laissé notre véhicule en révision au garage du village. Je ne pense pas que cela dérange Paulette et Roger mais j'en connais une qui doit faire une drôle de tête.

GUY - Qui donc ?

MARIETTE - Samantha, pardi ! La pauvrette ! Je ne la vois pas du tout faire de la marche à pied. On est vache ! Nous aurions dû aller à sa rencontre.

GUY - Et la ramener comment ? En brouette ? Ah ! Samantha ! C'est vrai que tu l'as invitée, j'avais oublié… Samantha ! La reine de la bonne humeur ! Avec elle rire et ambiance assurés. Tu peux être sûre qu'à peine arrivée elle va commencer à râler, à tout critiquer. Ne dis pas le contraire, je connais la bête, elle ne peut pas s'en empêcher.

MARIETTE - Guy ! Tu exagères !

GUY - Je n'exagère rien du tout ! Ta copine, c'est une râleuse professionnelle ! Alors qu'on vienne la chercher ou pas, cela ne l'empêchera pas d'être grincheuse.

MARIETTE - Tout de même ! L'obliger à venir à pied de la gare à ici… Je ne suis pas certaine que cela puisse améliorer son caractère.

LILIANE - Vous auriez dû nous en parler, nous aurions pu trouver une solution.

GUY - Ne t'inquiète pas, Liliane, Samantha n'en mourra pas ! Cela lui fera du bien de s'oxygéner ! Ce sera une excellente entrée en matière parce que je doute qu'elle mette souvent les pieds à la campagne. Tiens ! Lorsqu'elle a accepté l'invitation à venir fêter l'anniversaire de Mariette au cœur du marais, à tous les coups, elle a pensé qu'on l'invitait… dans le quartier du Marais, à Paris.

MARIETTE - Allons donc ! Elle n'est pas si sotte.

GUY - Je ne dis pas cela… Disons qu'elle manque parfois un peu d'ouverture et de souplesse.

MARIETTE - Là, tu es dur ! Dur et injuste… Samantha est peut-être différente de nous mais elle possède des qualités de cœur.

GUY - Ne t'emballe pas ! Je te crois. Ou du moins vais-je faire semblant de te croire. Je n'ai pas du tout envie de te contrarier, ce week-end.

MARIETTE - J'espère que tout le monde va s'apprécier. Après tout, nous, on les connaît, mais eux, ils ne se connaissent pas entre eux. Il faut bien reconnaître qu'ils ont tous des personnalités diffé-rentes… Souhaitons qu'elles s'harmonisent.

LAURENT - Ne te fais donc pas de mouron ! Tout va bien se passer. Ne dit-on pas que les amis de nos amis sont nos amis ? Tous seront là dans la joie et la bonne humeur pour te souhaiter un joyeux anniversaire.

MARIETTE - Puisses-tu dire vrai… Il n'empêche que j'appréhende un peu. Si vous saviez comme je me sens nerveuse ! Je voudrais tellement que tout se passe bien…

Liliane se dirige vers un meuble, l'ouvre et sort un tube de granules homéopathiques.

LILIANE - Tiens, prends-moi ça : Argentum Nitricum, trois granules trois fois par jour. Contre l'anxiété, il n'y a pas mieux.

Mariette prend les granules et s'apprête à les avaler.

MARIETTE - Tu crois que cela va me soulager tes bonbons ?

LILIANE - Puisque je te le dis ! Tu peux me croire.

MARIETTE - Après tout, il n'y a que la foi qui sauve. *(Elle les avale.)* J'ai beau essayer de me raisonner, je me demande si nous avons fait le bon choix… Nous aurions dû les inviter séparément… Je ne sais pas pourquoi, j'ai comme un mauvais pressentiment.

LAURENT - Allons bon ! Pourquoi, veux-tu ?

MARIETTE - Parce qu'ils sont tous si différents ! Vous comprendrez quand vous les aurez vus.

LAURENT - Ne me dis pas que tu as invité des lapins avec des crocodiles ?

GUY - Tu peux rire… mais c'est un peu ça ! Moi, je n'étais pas pour… Rappelle-toi, Mariette, je t'en ai parlé. Mais tu étais tellement perchée sur ton petit nuage que je n'ai pas voulu te contrarier.

MARIETTE - Qu'est-ce que tu racontes ? Elle est bien bonne celle-là ! Je te rappelle que c'est toi qui as eu l'idée de venir ici.

GUY - Oui, mais pas pour faire des expériences oiseuses. Tiens ! Prenons un exemple, un seul : Jo et ta chère Samantha. Tu les vois copiner ? Tu vois, ce n'est pas évident… Mais bon… Nous avons choisi de jouer avec le feu, si on se brûle il ne faudra pas qu'on s'étonne, voilà tout !

MARIETTE - Tais-toi donc oiseau de mauvais augure !… Mon Dieu ! C'est vrai, tu as raison. Nous allons droit dans le mur. Pourquoi n'y ai-je pas pensé plus tôt ? Aïe ! Voilà mon estomac qui me reprend.

LILIANE - Ne bouge pas ! *(Elle retourne chercher un tube et le lui tend.)* Tiens, prends cela : Sulfuricum Acidum 9 CH. Trois granules par jour. Tu vas voir, c'est radical.

GUY - Mais ne t'inquiète donc pas ! Tu ne vois pas que je plaisante ? Évidemment que tout va bien se passer ! Nous avons la chance d'avoir d'excellents amis, nous n'allons tout de même pas nous en plaindre. Et tant mieux s'ils ne sont pas tous faits sur le même moule ! Chacun apprendra à faire connaissance, voilà tout.

MARIETTE - Plus j'y pense et plus je me dis que cela risque de déraper.

LILIANE - Mais non ! Il n'y a aucune raison.

LAURENT - Puisque Liliane te dit qu'il n'y a aucune raison !

MARIETTE - Eh bien, si ! D'abord tout le monde ne va peut-être pas apprécier la rusticité de l'endroit… Ne vous vexez pas, mais reconnaissez que c'est un peu particulier de vouloir habiter ici.

LAURENT - Pourquoi donc ? Je ne vois pas ce que tu veux dire.

GUY - Évidemment ! Toi tu ne vois rien.

LAURENT - Mais dis-moi, tu sais que t'es drôle, toi ? T'as pris des leçons de clown avant de venir ?

LILIANE - Vous arrêtez un peu tous les deux ? À chaque fois c'est pareil ! De vrais gamins ! Mariette, tu vas tranquillement te décontracter. Dis-toi que chacun vient pour le plaisir, pas pour s'embêter. Alors cool ! Relax ! D'accord ? Laurent, lorsque tu auras cinq minutes, tu pourras peut-être commencer à t'occuper de ton vin.

LAURENT - C'est vrai ! Il est plus que temps de le faire ! Heureusement que tu es là pour me le rappeler, Liliane, sinon nous courions à la catastrophe.

GUY - Là, je constate qu'on arrête de rigoler ! Remarque, tu as raison : ta réputation est en jeu. Sais-tu que parmi nos invités, il y en a plus d'un qui connaît ta profession ? Alors monsieur l'œnologue, t'as intérêt à assurer.

LAURENT - Je te rappelle que je suis œnologue pas goûteur de bière, alors cela ne sert à rien de vouloir me mettre la pression.

GUY - Je ne te mets rien du tout. Quelles sont ces insinuations ? Je trouve que tu pousses un peu le bouchon, « môssieur » l'œnologue ! Maintenant t'es chez toi, si tu veux servir n'importe quel picrate libre à toi de le faire.

LAURENT - Je te reconnais bien là ! Tu joues la provocation en espérant qu'une réaction d'orgueil me fasse sortir mes meilleures bouteilles. Eh bien, compte là-dessus et boit de l'eau ! Tu peux toujours espérer… en vain. *(À Liliane.)* Alors ? On y va ?

LILIANE - Je t'attends.

Ils sortent.

GUY - Tiens, c'est l'heure des infos. Déjà qu'on ne capte rien, nous n'allons tout de même pas nous couper du monde.

Il allume la radio.

VOIX DU COMMENTATEUR - En sport, résultats de football. Une excellente surprise : l'US *(nom du lieu où la pièce est représentée)* a battu l'Olympique Lyonnais six à zéro. Enfin, aux championnats du monde de crachat, c'est le Français Jules Mollard qui s'est imposé avec un jet de douze mètres soixante-trois, démontrant ainsi que la France reste souveraine dans cette discipline. Pour l'anecdote, nous retiendrons le score du meilleur cracheur suisse qui, avec un jet d'un mètre cinquante-sept, améliore néanmoins son record personnel. Interrogé sur leur niveau de performance par rapport aux Français, les Suisses ont déclaré : « Nous n'avons pas suffisamment de terrains d'entraînements alors que les Français sont habitués, tout petits, à cracher n'importe où. » Avant de refermer ce journal, je vous rappelle cette information : l'évasion de Marius Canéloni, dit le Boucher.

D'importants moyens sont actuellement mis en place afin de tenter de le retrouver.

GUY *(éteignant le poste)* - Ben dites donc ! Pas très gaies les nouvelles ce matin. J'espère que ce n'est pas dans le coin qu'il s'est échappé l'oiseau !

MARIETTE - Mais non ! Pourquoi veux-tu ? Tu ferais mieux de t'activer au lieu de chercher à me faire peur.

GUY - D'accord ! Ne t'énerve pas. Je vais me rendre utile… Si j'allais préparer quelques canapés ?

MARIETTE - C'est une excellente idée. J'adore lorsque tu prends des initiatives. Quant à moi, je vais préparer les lits.

GUY - Toi les lits, moi les canapés ; il n'y a pas à dire, nous sommes vraiment complémentaires. Dis-moi, Mariette, avant que tout le monde arrive, nous avons peut-être le temps de les tester, les lits…

MARIETTE - Voyons, Guy ! Tu n'y penses pas !

GUY - Tant pis, n'en parlons plus ! À défaut de Mariette, je me contenterai d'étaler mes rillettes.

Ils sortent, laissant la scène vide. Arrivée par la salle de Jo, Paulette, Roger et Samantha. Jo arrive sac au dos et tient une lampe torche à la main. Les autres portent maladroitement sacs et valises. Samantha ferme la marche. Elle a cassé un talon.

SAMANTHA - N'allez pas trop vite ! Attendez-moi !

JO - Vous attendre ? Elle est bonne celle-là ! Mais on ne fait que ça depuis tout à l'heure ! Résultat : maintenant il fait nuit alors qu'on aurait dû arriver depuis longtemps.

SAMANTHA *(pleurnichant)* - C'est pas ma faute. Il fallait me prévenir avant, j'aurais pris un taxi.

PAULETTE - Allons ! Courage, ma petite ! Nous sommes presque arrivés, je vois la maison.

Roger *(à Jo)* - Dites donc ! Vous avez vu ? *(Désignant les spectateurs.)* J'ai l'impression que ça bouge par là.

Jo - Ben oui ! Nous sommes dans le marais, c'est normal que ça bouge, ici c'est bourré d'amphibiens.

Roger - D'amphibiens ?

Jo - Oui, des grenouilles, des crapauds… Tenez ! *(Braquant sa torche vers des spectatrices.)* En voilà ! Vous les voyez les grenouilles ? Vous avez vu leurs cuisses ?

Roger - Ah ouais ! Belles bêtes ! Des sacrées cuisses ! C'est que ça vous mettrait en appétit tout ça.

Paulette - Bon… Ne t'énerve pas, Roger ! On arrive.

Roger - Vous entendez ? Elles font un sacré boucan.

Jo - C'est normal, elles coassent. Les grenouilles coassent.

Roger - Elles nous coassent surtout les oreilles.

Ils montent et pénètrent dans le gîte.

Jo - Ho ! ho ! Il y a quelqu'un ?

Roger - Y sont tous morts là-dedans ?

Arrivée de Guy.

Guy - Voilà ! Voilà !… Ah ! mes amis ! Quel plaisir de vous voir !

Paulette *(tout en l'embrassant)* - J'espère bien ! Parce que avec le mal qu'on s'est donné pour venir jusqu'ici, manquerait plus que ça que ce ne soit pas un plaisir ! Pas vrai Roger ?

Roger *(lui serrant la main)* - Ça va, toi ? C'est vrai qu'on a un peu crapahuté pour venir jusqu'ici. Heureusement qu'on était pas payé pour le faire sinon on l'aurait jamais fait. *(Se tournant vers Samantha.)* N'est-ce pas ?

Samantha - C'était affreux ! Mais quelle idée de nous avoir entraînés dans ce bourbier ! Guy, tout de même ! Vous auriez pu venir nous chercher à la gare. Vous savez, je vous en veux terriblement.

Guy - Ma chère Samantha, voyez plutôt le côté positif des choses. Grâce à cette petite marche, je suis sûr que vous avez pris le temps de sympathiser entre vous ; de ce fait je n'ai même pas besoin de faire les présentations. N'ai-je pas raison ?

Samantha - Détrompez-vous, Guy ! Figurez-vous que nous n'étions pas dans un salon de thé. Et vous pensiez que nous allions deviser tranquillement en chemin ? Guy, excusez-moi de vous le dire, mais votre imprévoyance nous a jetés dans un véritable cauchemar. Ah ! quand j'y repense ! Toutes ces herbes ! Toutes ces bêtes !

Jo - Oh ! vous savez, les petites bêtes n'ont jamais mangé les grosses ! Madame fait à peine cinq kilomètres à pinces et déjà elle est prête à appeler les pompiers !

Samantha - Écoutez ! J'ai déjà eu l'occasion de vous le dire pendant le trajet, vous n'avez pas été correcte, vous le saviez que c'était loin et vous n'avez rien dit ; de surcroît, vous nous avez fait passer dans des endroits innommables, remplis de bestioles immondes. Brrr ! Et pour couronner le tout, j'ai cassé un talon. *(Pointant un doigt accusateur vers Jo.)* C'est de votre faute ! C'est vous qui nous avez entraînés ! Jamais nous n'aurions dû vous suivre !

Jo - Non mais quelle idée de venir avec des godasses à talons ! Je ne veux pas critiquer, mais avouez qu'il ne faut pas être très fine pour venir comme ça. *(À Roger.)* Pas vrai ?

Samantha - Je ne vous permets pas ! Ce n'est pas parce que vous êtes fagotée comme un épouvantail à moineaux qu'il faut vous croire obligée de faire des réflexions désobligeantes.

Jo - Je vais être franche avec vous parce que moi, je n'ai pas la tête dans mes pieds, je n'ai pas la langue dans ma poche ! Alors je vais vous dire : quand on part en balade, on s'équipe ! C'est ce que je dis ! Maintenant, si y en a qui confondent randonnée et défilé de mode, moi j'y peux rien. Enfin ! Ne vous plaignez pas ! Vous avez fait rigoler les grenouilles, c'est déjà ça !

Roger éclate de rire.

SAMANTHA *(à Roger)* - Vous aussi, ça vous fait rire ? C'est bon, j'ai compris ! Je vais appeler un taxi. La plaisanterie a assez duré, je ne vais pas supporter plus longtemps ce genre de persiflage… *(Elle sort son portable.)*

ROGER - Attendez ! Ne le prenez pas mal ! Je ris parce que c'est rigolo, c'est tout. Il ne faut pas voir le mal partout.

PAULETTE - Vous pouvez le croire, mon Roger ce n'est pas un moqueur. Il ne faut pas vous vexer. Tenez ! Venez donc vous asseoir cinq minutes !

SAMANTHA - Laissez-moi ! Cela suffit ! J'en ai assez entendu ! *(Elle manipule son portable.)*

GUY *(à Samantha)* - Ce n'est pas la peine, ça ne capte pas.

SAMANTHA - Comment cela, ça ne capte pas ?

GUY - Non. Ça ne capte pas. *(Samantha se perche à différents endroits, cherchant à capter.)* Je vous assure, ça ne capte pas… J'ai moi-même essayé. *(Il ressort son portable.)*

SAMANTHA - Faites voir !

Ils s'échangent leurs portables et vont se percher alternativement dans tous les coins.

PAULETTE - À quoi vous jouez ? À chat perché ?

SAMANTHA *(ignorant la remarque de Paulette, à Guy)* - Étant données les circonstances, je vais être obligée de vous demander de bien vouloir me conduire à la gare.

GUY - Voyons, Samantha, vous n'y pensez pas ! Vous arrivez à peine, vous n'allez pas songer à repartir ! Josiane plaisantait. N'est-ce pas, Jo ?

JO *(très dure, sans rire)* - Bien sûr que je plaisantais.

SAMANTHA - Ma décision est irrévocable. Guy, je vous demande de bien vouloir me conduire, s'il vous plaît !

GUY - Ma chère amie, c'est malheureusement impossible ! J'ai profité de notre séjour pour confier notre véhicule au garagiste du village. Si vous souhaitez partir en voiture, il vous faudra patienter un peu, très chère… Mais j'espère d'ici là vous avoir fait changer d'avis. Et si vous ne le faites pas pour certains, faites-le au moins pour Mariette… Ne l'oubliez pas : c'est son anniversaire. Elle qui se fait une joie de pouvoir tous vous réunir…

JO - Il a raison le Guitou. On peut bien faire chacune un petit effort. Allez ! Topez là ! *(Elle tend une main que Samantha ignore.)* On ne va tout de même pas gâcher l'anniversaire de Mariette… Ah ! d'accord ! Madame est du genre rancunier. Écoutez, nous ne sommes pas obligées de nous faire des mamours mais on peut essayer d'assurer le minimum syndical.

SAMANTHA - C'est-à-dire ?

JO - C'est-à-dire qu'on respecte les distances réglementaires, on ne se met pas côte à côte à table par exemple. Ça vous va ?

SAMANTHA - Nous verrons. *(À Guy.)* Serait-il possible de voir Mariette ?

GUY - Oui ! Bien sûr ! Elle doit être en train de préparer les chambres. Venez ! Je vous accompagne.

Ils sortent.

JO - Quelle plaie, celle-là ! À mon avis, elle n'a pas fini de nous gonfler.

PAULETTE - Ne dites pas cela. La pauvrette, elle n'a pas l'air méchante, seulement c'est une fille qui n'a pas l'habitude du grand air, voilà tout.

ROGER - C'est vrai ! Nous, c'est pas pareil ! La vie au grand air, on connaît… Bien qu'on soit plus mer que campagne… D'habitude, nous allons au camping des Flots-Bleus…

JO - Dans un camping ? Quelle horreur ! Moi faudrait me payer cher pour me faire entrer dans un camp de concentration comme ça… L'ambiance beauf, pétanque, pastis, ça me ficherait les boules.

ROGER - Moi, j'aime bien les boules.

JO - C'est marrant ! Vous ne ressemblez pas du tout à Mariette et Guy. Ça fait longtemps que vous les connaissez ?

ROGER - Le Guy ? Je le connais depuis la maternelle. Déjà, à l'époque, on se partageait notre goûter, c'est vous dire ! Après on s'est accompagnés à l'école primaire, on était encore bien souvent ensemble. Quelquefois on se donnait des coups de main : lui, il me corrigeait mes fautes d'orthographe et moi… je corrigeais ceux qui l'embêtaient. Qu'est-ce qu'on rigolait ! Après, le Guy, il a mis le turbo dans les études. Moi j'ai préféré prendre les raccourcis… Il n'empêche qu'on est restés copains. J'ai même été son témoin à son mariage ! Pas vrai Paulette ?

PAULETTE - Oui ! Un beau mariage ! Sans trop de chichis mais qu'est-ce qu'on a bien mangé !

ROGER - Bien mangé et bien bu ! Comme dit mon chien : « Des noces comme ça, on s'en souvient ! »

PAULETTE - Pourquoi que tu dis ça ?

ROGER - Tu sais bien, Paulette ! Parce que mon chien, il aime bien les noces ! *(Pendant que Paulette cherche à comprendre la blague, Roger se tourne vers Jo.)* Ce qui est bien avec Guy, c'est que c'est un gars qu'est resté simple. Pas vrai Paulette ?

PAULETTE - Ça c'est vrai ! Il est resté simple.

ROGER - Guy, il a réussi, mais je vais vous dire, il a toujours été fidèle à son milieu… Moi, je trouve qu'il n'a pas tort… Je ne sais pas si vous l'avez remarqué, souvent celui qui s'éloigne de son milieu a tendance à devenir con sur les bords.

JO - Ouais ! C'est bien possible.

PAULETTE - Et vous ? Ça fait longtemps que vous les connaissez ?

JO - Non, c'est récent… Nous avons sympathisé l'an dernier, au cours d'une rando en Crête.

ROGER - Vous, vous aimez bien randonner. Vous me rappelez un sergent que j'ai eu quand j'étais à l'armée.

JO *(pincée)* - Un sergent ? Merci du compliment. *(Elle ouvre la porte, se tient sur le palier et regarde en direction des spectateurs.)* Venez voir ! Nous avons de la chance, demain il devrait faire beau. Vous voyez le canard là-bas ? Eh bien, lorsqu'il se pose à cet endroit, vous pouvez être sûr que le temps sera sec. Regardez ! Il se pose. Croyez-moi, c'est un signe.

ROGER - Un cygne ? C'est marrant, il a une tête de canard votre cygne.

JO - Je sais bien qu'il a une tête de canard, je dis simplement que quand il se pose à cet endroit c'est un signe, vous comprenez ?

ROGER - Ouais ! J'ai compris… Un cygne avec une tête de canard.

JO - Mais non ! Ce n'est pas ça !

Paulette les rejoint.

PAULETTE - Qu'est-ce qui se passe ? Qu'est-ce que vous faites ?

ROGER - On s'instruit. Tiens ! Viens voir, Paulette… Tu vois le canard, là-bas ?

PAULETTE - Oui, je vois.

ROGER - Tiens-toi bien : c'est un cygne. Eh ! Ce n'est pas moi qui le dis, c'est la spécialiste.

JO - Attendez ! Je n'ai pas dit ça.

ROGER - Vous ne m'avez pas dit : « quand il se pose à cet endroit c'est un cygne » ?

JO - Non, je n'ai pas dit « c'est un cygne », j'ai dit « c'est un signe ». Un signe de beau temps.

ROGER - C'est ça ! Y a des cygnes de beau temps et des cygnes de pluie maintenant ?

PAULETTE - Remarque, on ne sait pas… On dit bien qu'il fait un froid de canard, si ça se trouve on dit qu'il fait un beau temps de cygne.

JO - Non, on ne dit pas « un beau temps de cygne », on dit « un signe de beau temps ».

ROGER - Oh ! maintenant ça suffit comme ça ! Faudrait peut-être voir à arrêter de nous embrouiller la tête avec vos salades. C'est bon ! Nous on est gentils mais faut pas nous prendre pour des andouilles. Je t'en ficherai des cygnes de beau temps !

PAULETTE - Pourquoi pas des poules mouillées pendant que vous y êtes !

ROGER - Les poules, les canards, les cygnes… On vous laisse avec la basse-cour. Viens, Paulette ! Allons nous installer !

PAULETTE - Je te suis, mon Roro. *(À Jo.)* Vous venez ?

JO - Non, je crois que je vais rester prendre l'air.

ROGER - Ne prenez pas tout.

Sortie de Paulette et Roger.

Jo *(restée sur le palier à regarder les grenouilles)* **-** Eh ben ! C'est génial ! Je sens qu'on va s'éclater ! D'ailleurs, on a déjà commencé… On rigole, on rigole, on s'amuse, c'est fou comme on peut s'amuser ! Et je crois que ce n'est pas fini. *(Fixant les grenouilles.)* Je « coa » que ce n'est pas fini… Je « coa », je « coa », je « coa »… coa, coa…

> *À la fin de la réplique, arrivée côté cour de Juan-Pedro. Il arrive doucement. Après avoir observé Jo, il la rejoint sur le palier. Elle continue de « coasser » un moment avant de s'apercevoir de sa présence.*

Jo - Ah !!! Vous m'avez fait peur !

Juan-Pedro - Porqué ? Vous n'avez pas besoin d'avoir peur, yé né mange pas les grenouilles. Yé né souis pas Français, yé souis Espagnol, yé mange les tapas. Yé né mange pas les couisses de grenouilles ; moi, les couisses, yé préfère les admirer. *(Regard insistant.)* Señorita, votre présence dans cette maisonne est oune miracle une bénédictionne.

Jo - Ben dites donc ! À ce point-là ? Remarquez, ça fait toujours plaisir à entendre, cher monsieur… À qui ai-je l'honneur ?

Juan-Pedro - Yé m'appelle Juan-Pedro, señorita, et y'étais yusqu'à présent l'Espagnol lé plous malheureux du monde.

Jo - Et pourquoi donc ?

Juan-Pedro - Parce que yé né vous connaissais pas. Yé me doutais que vous existiez mais yé vous avais yamais rencontrée. Entre la Madona et la coquina ! Lé mélange parfait ! Permettez ! *(Il lui prend la main.)* Caramba ! C'est tout à fait la douceur qué y'avais imaginé.

Jo - Ben voyons !

Juan-Pedro- Vous savez qué vous avez oune peau de velours, oune peau qui respire l'amour ? Vous, vous devez être oune grande sensouelle. Yé lé sens ! Juan-Pedro ne se trompe yamais. C'est comment votre petit nom ?

Jo - Moi ? C'est Jo.

Juan-Pedro - Yo ?

Jo - Non ! Pas Yo ! Jo !

Juan-Pedro - C'est yoli Yo.

Jo - Ouais, c'est ça !

Juan-Pedro - Dites-moi, bella Yo, vous êtes toute seule ici ?

Jo - Toute seule ? Comment cela ?

Juan-Pedro - Yé veux dire pas dé mari, pas dé pétite fiancé ?

Jo - Ah non ! Et je ne m'en porte pas plus mal, croyez-moi ! Comme ça, pas de laisse, pas de muselière. Je ne suis attachée qu'à ma liberté et je mords qui je veux, quand je veux.

Juan-Pedro - Ma porqué vous dites cela ? Tous les hommes ne gardent pas leurs femmes en laisse…

Jo - Mon œil ! Vous n'avez pas remarqué ? Dès que les gens sont en couple, un des premiers cadeaux que fait monsieur à madame, c'est un collier. Ça veut bien dire ce que ça veut dire ! La seule différence avec un chien, c'est le prix du collier.

Juan-Pedro - Ma pétite Yo, yé vais vous dire, vous êtes bella comma la soleilla mais pas très romantiqua.

Jo - « Bella comma la soleilla mais pas conna comma la luna. »

Juan-Pedro - Aïe aïe aïe ! Porqué tant de haine ? Porqué tant dé violence ? Mon pétit cœur saigne quand yé vous entends. Vous, vous n'avez pas rencontré le conquistador de l'amour, ça se voit tout dé souite, ma vous avez dé la chance, maintenant vous connaissez Juan-Pedro.

Jo - Je le vois venir au galop le con qui s'adore ! Voyez-vous cela ! Si je le laisse faire, le Spanish, en moins de deux, il va vouloir découvrir mes Amériques.

JUAN-PEDRO - Vous n'aimez pas l'explorationne ?

JO - J'adore « l'explorationne » mais j'aime bien choisir l'explorateur.

En coulisse, voix de Dolorès.

DOLORÈS *(off)* - Juan-Pedro ! Juan-Pedro ! *(Elle entre, portant deux valises.)* Mi querido ! Mi amor ! Où es-tu ?

JUAN-PEDRO - Yé souis là. *(À Jo.)* Nous reprendrons notre pétite conversation plous tard. Dolorès ! Yé vois qué tou as descendou ma valise. C'est très bien !

DOLORÈS - Juan-Pedro, mi amor ! Pour toi je descendrais des milliers de valises. Tou le sais.

JO - C'est parfait ! Vous allez pouvoir l'embaucher comme déménageuse.

DOLORÈS - Buenos dias ! Qu'est-ce que vous dites ? Yé né comprends pas.

JO - Ce n'est pas grave… Alors comme ça, vous aussi vous êtes invités ?

DOLORÈS - Mais bien soûr ! Mariette et Guy sont des amis tellement sympathiques, n'est-ce pas ? Et pouis yé né voulais pas rater l'occasionne de leur présenter mon fiancé que yé trouve tellement charmant.

JO - Charmant et tellement affectueux !

DOLORÈS - Porqué vous dites cela ?

Arrivée de Mariette.

MARIETTE - Ah ! mes amis ! Si vous saviez comme je suis contente de vous voir ! Eh bien, Jo, que fais-tu ? Guy m'a annoncé ton arrivée mais je ne te voyais pas.

JO - Salut Mariette ! *(Elles s'embrassent.)* Tu vas bien ?

MARIETTE - Oui, je te remercie… Mais je vois que nos amis espagnols sont arrivés eux aussi. Comment allez-vous ? *(Elle les embrasse.)*

DOLORÈS - Très bien ! Très bien ! Gracias ! Mariette, yé té présente Juan-Pedro, mi amor, mon pétite fiancé.

JUAN-PEDRO - C'est oune immense bonheur qué dé vous rencontrer, Mariette. Votre beauté illoumine cette maisonne.

MARIETTE - Flatteur, va ! *(À Dolorès.)* Tu as raison, il est charmant.

DOLORÈS - Yé lé sais ! C'est oune grand sédoucteur ma yé té préviens, Mariette : yé souis yalouse comme oune tigresse. La première qui l'approche, yé la toue.

JO - Oh ! ben alors là ! Si on veut éviter les carnages, il va falloir installer un périmètre de sécurité, prévoir des seaux d'eau froide ou lui attacher les mains.

MARIETTE - Pourquoi dis-tu cela ?

JO - Pour rien. Je t'expliquerai… J'ai juste l'impression qu'il y en a qui seraient assez favorables au rapprochement des peuples, si tu vois ce que je veux dire…

MARIETTE - Non, pas vraiment…

DOLORÈS - Ma… Qu'est-ce que vous dites ?

JO - Non, non… Rien… Les chambres sont par là ? Je vais m'installer, cela m'évitera de me fâcher avec tout le monde dès mon arrivée.

Elle sort.

DOLORÈS - Elle est pas oune peu bizarre ta copine ?

MARIETTE - Euh… non, non… Tout va bien, je t'assure.

DOLORÈS - Moi yé la trouve bizarre. Qu'en penses-tou Juan-Pedro ?

JUAN-PEDRO - Yo no sais… C'est possible.

DOLORÈS - Guy est là ? Yé voudrais lé saluer.

MARIETTE - Oui. C'est par là.

DOLORÈS - Juan, mi amor, tou viens ?

JUAN-PEDRO - Yé té laisse installer les affaires. Yé té rejoins. Yé mé répose oune poquito. Ce voyage m'a épouisé.

DOLORÈS - Oui, natourellement, mi querido ! Repose-toi bien… À tout à l'heure !

Elle prend une valise et s'apprête à sortir vers les chambres.

JUAN-PEDRO *(désignant sa valise)* - Dolorès !

Dolorès revient sur ses pas pour prendre la deuxième valise.

DOLORÈS - Ah oui ! Mi amor ! Excouse-moi, yé n'avais pas vu.

Elle prend la valise et sort.

MARIETTE - Cela ne vous dérange pas de laisser Dolorès porter votre valise ?

JUAN-PEDRO - No. Porqué ?

MARIETTE - Tout de même ! Ce n'est pas très galant de votre part.

JUAN-PEDRO - Yé lé fais pour son bien. C'est comme oune séance de musculationne. Dolorès a besoin dé sé raffermir. Yé n'aime pas les femmes trop molles, yé préfère les femmes mousclées comme vous peut-être… *(Il lui prend la main.)* Vous savez qué vous avez oune peau dé vélours, oune peau qui respire l'amour ? Vous, vous devez être oune grande sensouelle, yé lé sens.

MARIETTE *(se dégageant)* - Mais enfin ! Je vous en prie !

Entrée de Laurent.

LAURENT - Eh bien ! Ma petite sœur, que se passe-t-il ? Il y a un problème ?

MARIETTE - Non, non… Tout va bien… Laurent, je te présente M. Juan-Pedro. C'est bien cela ? Je vous présente mon frère Laurent.

Laurent tend la main dans une direction opposée à Juan-Pedro. Celui-ci se repositionne pour être en face de la main tendue et tend la sienne à son tour.

JUAN-PEDRO - Enchanté, yé souis enchanté.

MARIETTE *(à Laurent)* - Si tu pouvais accompagner monsieur à sa chambre, il en serait ravi.

JUAN-PEDRO - Non, ne vous dérangez pas, yé né suis pas pressé.

MARIETTE - Mais si, mais si ! Votre… fiancée doit vous attendre, allez donc la rejoindre.

LAURENT - Allez ! Venez donc par là ! Je vais vous conduire.

JUAN-PEDRO - Vous allez me conduire ? Mais vous n'êtes pas…

LAURENT - Je ne suis pas quoi ?

JUAN-PEDRO - Vous n'êtes pas… Enfin, yé veux dire… Vos yeux…

LAURENT - Vous voulez savoir si je suis aveugle ? Vous pouvez le dire. Aveugle, ce n'est pas un gros mot, vous savez… N'ayez pas peur de le dire. Nous sommes de nos jours dans une société de faux-culs qui préfèrent appeler ses sourds des « malentendants », ses aveugles des « non-voyants », ses pauvres des « économiquement faibles », j'en passe et des meilleures. Quant à moi, je n'ai jamais eu peur d'appeler un chat un chat et croyez-moi, si je croise un couillon, je ne me gênerai pas pour le traiter de couillon. Maintenant, suivez-moi ! C'est par là ! *(Ils se dirigent vers la sortie.)* En sortant, faites attention à la marche. Vous allez voir, dans l'escalier, il y a peu de lumière… En fait, il fait carrément noir… Bon ! Vous êtes prêt ? Allons-y ! Et surtout, ne faites pas comme moi ! Ouvrez l'œil !

Ils sortent.

MARIETTE - Ça m'a l'air d'être un drôle de zozo, celui-là !

Entrée de Guy.

GUY - Qu'est-ce que tu as à marmonner toute seule ?

MARIETTE - Tu l'as vu le fiancé de Dolorès ?

GUY - Je viens de le croiser dans l'escalier. Je ne sais pas pourquoi, il avait l'air inquiet.

MARIETTE - Tu connais Laurent : il adore mettre certaines personnes à l'aise.

GUY - Surtout quand il ne peut pas les encadrer.

MARIETTE - Il faut bien admettre qu'il a l'air un peu bizarre, ce type.

GUY - C'est curieux, c'est exactement ce que vient de me dire Dolorès à propos de Jo.

MARIETTE - Dis-moi, Guy, ça va bien se passer, n'est-ce pas ? *(En disant cela, elle prépare des granules homéopathiques qu'elle avale.)*

GUY - Mais oui, Mariette, ne t'inquiète pas. Je t'assure, il n'y a aucune raison.

Il s'empare d'une bouteille de whisky, se sert un verre et l'avale d'un trait.

NOIR

FIN DE L'ACTE I

ACTE II

Sur scène, Mariette et Samantha.

MARIETTE - Tu es sûre que tout va bien, Samantha ?

SAMANTHA *(pincée)* - Bien sûr ! Puisque je te le dis…

MARIETTE - Tu as l'air contrarié.

SAMANTHA - Pourquoi veux-tu que je le sois ?

MARIETTE - Je te connais suffisamment pour savoir que tu es préoccupée. Que se passe-t-il ? N'es-tu pas heureuse de me revoir ? Alors ? Qu'y a-t-il ? Parle ! Si tu as un souci, tu sais très bien que tu peux me le confier.

SAMANTHA - Non, non… Tout va bien… Je suis un peu déçue, c'est tout… Mais ce n'est pas grave, rassure-toi.

MARIETTE - Tu es déçue ? Mais pourquoi donc, grand dieu ?

SAMANTHA - Dis-moi, Mariette, depuis combien de temps nous connaissons-nous ?

MARIETTE - Cela doit bien faire une bonne vingtaine d'années, non ? Où veux-tu en venir ?

SAMANTHA - Une vingtaine d'années ? Nous sommes d'accord. Eh bien, figure-toi qu'au nom de notre vieille amitié, j'ai eu un moment la faiblesse de penser que je méritais un peu de prévenance, un peu d'égards… On se fait parfois de ces illusions ! Je me suis tout simplement trompée, voilà tout !

MARIETTE - De quoi parles-tu ? J'avoue ne pas comprendre.

SAMANTHA - On comprend ce qu'on a envie de comprendre.

MARIETTE - Samantha ! Sois plus explicite, tu veux bien ?

SAMANTHA - Tu veux que je sois franche ? Allons-y ! J'étais déjà ravie d'apprécier mon arrivée jusqu'ici. Personnellement, à ta place j'aurais trouvé une solution… Enfin !… Chacun fait comme il le sent… Il n'empêche qu'on peut rêver meilleur accueil. Bref… J'aurais pu oublier ce moment désagréable s'il avait été compensé par une attitude plus chaleureuse de ta part… Au lieu de cela, tu me proposes de m'installer dans la chambre la plus exiguë, la plus délabrée de la maison.

MARIETTE - Samantha !

SAMANTHA - Une chambre ? Non, je devrais plutôt dire un débarras, un placard à balais… C'est bien simple : même un travailleur immigré n'en voudrait pas.

MARIETTE - Samantha ! Dois-je te rappeler que tu as refusé la chambre bleue que nous avions aménagée à votre intention ?

SAMANTHA - Cette chambre me convient parfaitement… C'est la personne avec qui j'aurais dû cohabiter qui ne me convient pas.

MARIETTE - Jo ? Mais elle est charmante ! Il faut tout simplement apprendre à la connaître, tout comme toi d'ailleurs.

SAMANTHA - Cette fille est d'une arrogance et d'un sans-gêne ! C'est bien simple : elle passe son temps à flirter avec l'incorrection. Tu sais pourtant combien je déteste la vulgarité.

MARIETTE - Ne juge pas sans connaître. Jo est une fille adorable.

SAMANTHA - Qu'importe ! Je ne suis pas ici pour polémiquer. La seule chose que je constate, c'est que c'est elle qui se trouve dans la chambre bleue et c'est moi qu'on relègue n'importe où.

MARIETTE - Mets-toi deux secondes à ma place ! Les autres invités sont en couple, je ne vais tout de même pas les séparer ! Est-ce de ma faute si tu refuses de cohabiter ?

SAMANTHA - Vois-tu, il y a des limites à la tolérance.

MARIETTE - Écoute-moi, Samantha ! À mon tour d'être franche. Lorsque Jo me dit : « Ce sont les plus gênés qui s'en vont », que veux-tu que je réponde ? Allez ! Fais donc un petit effort ! Vous verrez, vous allez apprendre à vous apprécier.

SAMANTHA - Cela m'étonnerait !

Arrivée de Liliane.

LILIANE - Ah ! vous êtes là ! *(À Samantha.)* Ça va ? L'installation se passe bien ?

SAMANTHA *(pincée)* **-** Nous en parlions.

LILIANE - Vous allez voir, l'endroit est charmant. Vous connaissez le marais ?

SAMANTHA - Non, pas du tout ! En venant ici, je ne pensais pas que vous étiez… comment dire… aussi isolés.

LILIANE - Il faut bien reconnaître qu'ici la vie mondaine a ses limites. Nos premiers voisins sont à un quart d'heure. Nos seuls compagnons sont les grenouilles et les moustiques.

SAMANTHA - Les moustiques ? Il ne manquait plus que ça ! Avec la chance que j'ai, je vais pouvoir attraper le paludisme, la dengue et le chikungunya. Vraiment, Mariette, je te remercie pour ton invitation. C'était une excellente idée !

LILIANE - Pour les moustiques, ne vous inquiétez pas, j'ai ce qu'il faut pour vous protéger.

Arrivée de Roger et Paulette pendant la réplique de Liliane.

ROGER - Le premier moustique qui m'embête, paf! un coup sur la nuque! Pas vrai Paulette?

PAULETTE - T'as raison mon Roger. Ce n'est pas un moustique qui va nous impressionner. Si on commence à avoir peur d'un moustique, c'est la porte ouverte à toutes les baies vitrées. N'est-ce pas les filles?

MARIETTE - Sans doute, Paulette, sans doute.

ROGER - Dites, les filles, vous savez comment on reconnaît les moustiques mâles et les moustiques femelles?

PAULETTE - Non, vas-y Roro! Sors-la, ta science!

ROGER - Ceux qui se posent sur les verres de bière, ce sont les mâles; celles qui se posent sur le téléphone, ce sont les femelles. *(Roger et Paulette s'esclaffent, Mariette et Liliane rient poliment tandis que Samantha regarde Roger d'un air affligé.)* Vous n'avez pas compris? Vous voulez que je la redise?

SAMANTHA - Non merci!

ROGER - Bon! Ce n'est pas le tout! Il va peut-être falloir penser à nourrir les troupes. Qui veut venir au village avec nous?

MARIETTE - Ce n'est pas la peine, Roger, nous avons tout prévu.

ROGER - T'as tout de même pas prévu ce que j'aimerais manger?

MARIETTE - Ah! ça, je ne sais pas!

PAULETTE - Des cuisses de grenouilles! C'est ça qu'il veut manger. Depuis qu'il est arrivé, il ne pense qu'à ça. Manger de la cuisse.

ROGER - Ben oui! On est dans le pays, faut en profiter!

LILIANE - Évidemment… Mais j'avoue que nous n'avons pas prévu ce genre de plat.

SAMANTHA - Des cuisses de grenouilles ? Quelle horreur ! *(Elle fait une grimace.)*

ROGER - Ne faites pas le cul de poule comme ça ! Vous en avez déjà goûté des fraîches ? Y a pas mieux !

SAMANTHA - Alors là ! Il faudrait me payer cher pour en manger. Ah ! rien que d'y penser…

PAULETTE - En voilà une qui ne sait pas ce qui est bon ! On ne va pas vous payer, on va plutôt manger votre part.

ROGER - C'est vrai ça ! Si vous n'aimez pas ça, n'en dégoûtez pas les autres. Vous critiquez, je suis sûr que vous ne savez même pas comment ça se prépare. Je vais vous expliquer, comme ça vous vous coucherez moins bête ce soir. C'est simple comme bonjour… Vous leur faites une césarienne et puis vous retirez le collant… Ça vient tout seul !

SAMANTHA - C'est immonde !

ROGER - Non. Pourquoi ?

SAMANTHA - Mais parce que c'est cruel !

ROGER - Vous êtes végétarienne ?

SAMANTHA - Non…

ROGER - Ben alors ? Vous voyez bien… Quand vous mangez du poulet, vous n'êtes pas à vous lamenter : « Oh ! pauvre petite bête ! » Vous mâchez ! C'est tout ! Pas vrai ? Eh ben, pour les grenouilles, c'est pareil !

PAULETTE - On ne va pas commencer à faire de la sentimentalité !

ROGER - Comme tu dis ! On ne va pas commencer à faire de la « sentimentalité ». Et puis d'abord, qui vous a dit que ça leur faisait mal ? Faut pas croire tout ce qu'on raconte. Si vous l'avez cru, vous êtes cuite, vous ne pourrez jamais en manger. Elles n'ont pas le temps d'avoir mal que je vous dis!… Ah! je vois bien que ça vous laisse sceptique tout ça!

SAMANTHA - Mais pas du tout! Détrompez-vous!

ROGER - Je vois bien à votre tête que vous doutez.

SAMANTHA - Certainement pas! Pourquoi voulez-vous que je doute?

PAULETTE - Roger! Tu vois bien! Madame ne doute de rien.

ROGER - Ouais! Elle doute de rien, pourtant elle a l'air sceptique… À mon avis, ce doit être une fausse sceptique.

PAULETTE - Roger! Sois correct, tout de même!

ROGER - Mais je suis correct! Je dis que c'est une fausse sceptique parce qu'elle ne doute pas mais elle fait semblant de douter.

PAULETTE - Roger! Arrête que je te dis! C'est qu'il me ferait mettre en colère l'animal! À l'entendre dire des âneries pareilles, je vais finir par monter sur mes grands cheveux!

ROGER - Si tu montes sur tes grands cheveux, on n'a pas fini de se crêper le chignon.

PAULETTE *(à Samantha)* - Faut l'excuser! Des fois il est taquin. Vous savez, il est bête mais il n'est pas méchant.

SAMANTHA - Hélas! Je vois bien que ce n'est pas méchant. C'est encore plus affligeant. *(À Mariette.)* Je crois que je vais prendre un peu de repos dans mon cagibi. Ce voyage m'a épuisée et comme le week-end est loin d'être fini, je sens que j'ai intérêt à ménager mes forces.

Elle sort.

LILIANE - La pauvre! Elle a l'air un peu tendue. *(Elle se dirige vers le tiroir et l'ouvre.)* Voyons… Pour éviter de se faire de la bile…

Ah ! voilà : Natrum Sulfuricum, idéal pour traiter les états bilieux. *(Elle sort à son tour, tout en ouvrant la porte.)* Samantha ! Attendez ! J'ai quelque chose pour vous !

MARIETTE *(alors que Liliane est déjà partie)* - Liliane ! Attends ! Ne lui donne pas tout ! Laisse-m'en un peu !

PAULETTE - Ça ne va pas Mariette ?

MARIETTE - Si, si ! Tout va bien… Roger, s'il te plaît, promets-moi d'être gentil avec Samantha, tu veux bien ?

ROGER - Ben oui ! Pourquoi ?

Entrée de Guy.

GUY - Alors, ça va les amis ? Ça roule ? J'ai l'impression que tout se goupille merveilleusement bien. La question du couchage est réglée, nous allons pouvoir passer aux choses sérieuses. Il n'y a plus qu'à finir de préparer le repas, mettre le couvert et nous pourrons ensuite prendre l'apéro.

MARIETTE - Moi j'y vais ! Vous me rejoindrez ?

Elle sort vers la cuisine.

GUY - J'arrive tout de suite, ma chérie.

ROGER - Oh ! le Guitou ! Tu tombes bien ! Je t'explique… Nous, on s'occupe des entrées. Je vais aller au village chercher des cuisses de grenouilles. T'as les clés de ta bagnole ? Ne t'inquiète pas ! Il me reste encore quelques points sur mon permis, je ne vais pas te la bousiller.

GUY - Ce n'est pas possible, Roger ! Ma voiture est au garage, tu le sais bien.

ROGER - Ah oui ! Mince ! J'avais oublié !

Entrée de Laurent par la cuisine.

LAURENT - Liliane n'est pas là ? Je me demande où elle a bien pu cacher le tire-bouchon… Si on change la place des objets, comment voulez-vous que je m'y retrouve ?

ROGER - Dis-moi, Laurent, tu n'aurais pas une voiture, par hasard ?

LAURENT - Mais si, bien sûr, mon petit Roger ! Tu veux peut-être que je te la prête ?

ROGER - Oui, je veux bien ! Super ! Tout s'arrange !

Laurent est allé chercher une petite voiture de collection posée sur un meuble. Il la tend à Roger.

LAURENT - Tiens ! Je te la prête. Fais gaffe, tout de même ! J'y tiens beaucoup.

ROGER - T'as que ça comme voiture ?

LAURENT - Oh non ! J'en ai encore une caisse au grenier. Tu veux les voir ?

ROGER *(à Guy)* - Tu sais qu'il est toujours aussi marrant ton beauf ? J'avais oublié.

GUY - Laisse tomber puisqu'on te dit qu'il y a ce qu'il faut !

LAURENT - Je retourne en cuisine, il faut que je le trouve ce satané tire-bouchon !

GUY - Arrête de brailler comme cela ! Bien sûr que tu vas le trouver.

LAURENT - Si les aveugles n'ont plus le droit de brailler, où va-t-on ? Je vous le demande !

Sortie de Laurent. Venant des chambres, arrivée de Juan-Pedro.

ROGER - Ah ! vous tombez bien ! *(Il chante.)* « Et viva Espagna ! » Dites donc, vous êtes bien venus en voiture ?

JUAN-PEDRO - Oui, porqué ?

Roger - Porqué vous allez pouvoir me conduire au village. J'ai envie d'acheter des cuisses de grenouilles. Ils en ont sûrement au village.

Juan-Pedro - No, yé né préfère pas. Y'ai déya trop roulé. Yé souis fatigué.

Roger - Comment ça, fatigué? Un grand jeune homme comme vous, ça ne peut pas être fatigué… Allez! Y en a pour un quart d'heure… On fait juste l'aller-retour.

Juan-Pedro - N'insistez pas! Yé vous dis qué yé souis épouisé. *(Il s'affale dans le canapé.)*

Roger - Attendez! Vous ne m'avez pas compris! Les cuisses de grenouilles, ce n'est pas que pour moi, c'est aussi pour faire plaisir à nos amis Mariette et Guy qui nous ont invités. Vous saisissez?

Juan-Pedro - Ce n'est plous l'heure de bouger, maintenant calmos! On se repose, yé vous dis.

Roger - Bon! Ben, je vais demander à Dolorès, elle va pouvoir nous conduire.

Juan-Pedro - Elle né va pas pouvoir vous condouire, porqué c'est ma voitoure et yé né prête pas ma voitoure.

Roger - Ah! c'est gentil! Je vois que monsieur est partageur… Puisque c'est ça, on ira les chercher nous-mêmes! Tu viens Paulette?

Guy - Je vais vous donner ce qu'il faut…

Il sort et revient aussitôt avec des bottes, un panier et deux cannes à pêche au bout desquelles sont accrochés des petits bouts de tissu rouge.

Roger - Merci mon Guitou! *(À Juan-Pedro.)* En tout cas, si on en ramène, je sais déjà qui n'en aura pas.

Guy *(à Juan-Pedro)* - Nous sommes tous à la cuisine. Si vous voulez nous rejoindre…

Juan-Pedro - Non, yé vais rester là pour mé relaxer. *(Avisant les bouteilles et tout en se servant.)* Yé peux mé servir oune pétité consommationne ? Gracias !

Roger - T'as vu ? Il est fort ! Il fait les questions et les réponses. Bon ! À tout à l'heure ! Nous viendrons prendre l'apéro… *(Insistant sur les mots.)*… tous ensemble, entre amis.

Sortie de Guy. Pendant que Roger et Paulette mettent leurs bottes, Juan-Pedro allume la radio.

Voix du commentateur - Toujours aucune nouvelle de Marius Canéloni, le forcené évadé ce matin de la prison. Attention ! Cet homme est dangereux ! En effet, nous apprenons que l'individu, emprisonné pour homicide, a réussi à assommer un gardien et à s'emparer de son arme de service. La gendarmerie conseille de limiter les déplacements et recommande la plus grande prudence à toute personne susceptible de le rencontrer.

Fin du flash d'information, petite musique d'ambiance.

Roger - T'as entendu, Paulette ? Heureusement qu'ici nous sommes loin de la civilisation, au moins on est sûr de ne pas le rencontrer.

Paulette *(regardant Juan-Pedro avec insistance)* - Surtout qu'au niveau des rencontres, on est déjà servis. Ce ne serait peut-être pas la peine d'en rajouter.

Ils s'emparent de leurs cannes et sortent vers le public tandis que Juan-Pedro continue à siroter son verre. La musique s'éteint progressivement.

Roger *(dans la salle)* - Suis-moi, Paulette ! Ne reste pas par là ! Il n'y a que des têtards,… Viens donc plutôt par ici ! Viens donc voir les belles cuisses ! Surtout ne te trompe pas ! Tu as dû remarquer… Il y a autant de crapauds que de grenouilles dans ce marais. Ne t'avise pas d'accrocher un crapaud, il serait capable de te sauter dessus.

PAULETTE - Roger ! Regarde donc comme ils sont mignons ceux-là ! On dirait qu'ils nous regardent avec intelligence… Je ne savais pas que ça pouvait être intelligent une grenouille. Coa coa coa !

ROGER - Fais attention, Paulette ! Surtout ne t'attache pas ! Si tu commences à t'attacher, tu ne pourras plus les manger.

PAULETTE - Tu rigoles, mon Roro ! Moi, rien que de les voir, ça me met en appétit… Coa coa coa ! Par contre, je te laisserai les assommer et les dépiauter.

ROGER - Si tu veux ! Moi, ça ne me dérange pas de leur enlever le collant… Paulette, ne reste pas par là ! Il n'y a que des vieilles branches ! Tu vas finir par t'accrocher. Viens donc plutôt par ici ! Avance encore ! Là ! Il n'y a que des grenouilles de bénitiers, il n'y a rien à manger là-dedans ! Avance que je te dis !

Ils quittent la salle. Arrivée sur scène de Jo.

JO - Où sont les autres ?

JUAN-PEDRO - Les autres ? Quelle importance ! Vénez prendre oune pétite consommationne avec moi. Allons, venez !

JO - Mais ils sont où ?

JUAN-PEDRO - Certains sont partis dans lé marais, les autres sont dans la couisine.

JO - Dans la cuisine ? Qu'est-ce qu'ils font ?

JUAN-PEDRO - Yo né sais ! Ma quelle importance ? Venez ploutôt à côté de moi.

JO - Ils sont certainement en train de préparer le repas. Allons les aider ! Vous venez ?

JUAN-PEDRO - Non… Yé préfère mé rélaxer.

JO - Vous aimez l'écouter pousser ?

JUAN-PEDRO - Comment ?

JO - Vous aimez l'écouter pousser, le poil que vous avez dans votre main ?

JUAN-PEDRO - Ma… Qu'est-ce que vous avez à vouloir bouger touyours dans tous les sens ? Yé vous assoure, c'est fatigant… Aïe ! Qu'est-ce qui m'arrive ? Mon pétit cœur ! *(Il jette la tête en arrière, les bras en croix.)*

JO - Hé ! Qu'est-ce qui se passe ? Ça ne va pas ? Répondez-moi ! *(Elle s'est précipitée. Après lui avoir tapoté les joues, elle lui dégrafe la chemise et pose son oreille sur son cœur.)* Son cœur a l'air de battre ! Il est vivant ! Vite ! Je dois pratiquer le bouche-à-bouche.

JUAN-PEDRO - Très bonne idée !

Au moment où elle se penche, il l'enserre.

JO *(hurlant)* - Ça ne va pas la tête ! Lâchez-moi !

Entrée de Dolorès. Voyant le tableau, elle hurle à son tour.

DOLORÈS - Ah ! Juan-Pedro ! Qu'est-ce qué tou fais ?

JUAN-PEDRO - Qu'est-ce que yé fais ? Ma tou le vois bien : yé mé réanime.

DOLORÈS - Tou té réanime ?

JUAN-PEDRO - Oui… Vois-tou, y'ai fait oune pétite malaise cardiaque, mademoiselle m'a donné oune poquito d'oxygène mais y'ai senti qué yé n'avais pas eu assez, yé manquais d'air, y'ai voulu réprendre oune pétite dose. *(À Jo.)* Yé n'ai pas compris porqué vous n'avez pas voulu mé rédonner oune pétite dose, c'est ma mort qué vous voulez ?

JO - C'est la meilleure ! Alors là ! Lui, il ne manque pas d'air !

JUAN-PEDRO - Ma si ! Yustement yé manquais d'air.

Dolorès - Juan-Pedro ?

Juan-Pedro - Oui, mon pétite oiseau des îles, qu'y a-t-il ?

Dolorès - Écoute-moi bien, mi amor, yé vais té donner oune conseil si tou veux pas attraper la grippe aviaire : ne commence pas à embrasser n'importe quelle poule, compris ?

Jo - Comment elle y va, celle-là ! Poule toi-même ! T'aurais mieux fait de sortir avec un chapon parce que avec un coq comme ça, crois-moi, t'es plutôt mal barrée. Dis-moi, ton bestiau, tu le nourris au Viagra ou quoi ?

Dolorès - Écoute-moi, petite allumeuse ! Si yé té vois encore tourner autour dé mon homme, tou me lé paieras. Tou mé lé paieras très très cher.

Jo - Ne m'agace pas trop, je sais rendre la monnaie. *(Elle fait mine de griffer.)* Et tu vois, avec ça… *(Montrant ses ongles.)*… je peux même te la rendre en petites coupures.

Dolorès - Tou vas voir ! Pétite salopérie !

Jo - Espèce d'hystéro ! Approche un peu pour voir !

Elles se battent. Juan-Pedro cherche à s'interposer.

Juan-Pedro - Arrêtez ! Arrêtez, yé vous dis !

En voulant les séparer, il reçoit une gifle de la part de Jo. Après avoir fait deux tours sur lui-même, il retourne dans la bagarre et reçoit cette fois une gifle de la part de Dolorès. Il refait deux tours sur lui-même, titube et va s'affaler sur le canapé. Les filles arrêtent de se battre et, tout en soutenant chacune le regard de l'autre, Jo recule en marche arrière vers la porte menant à la cuisine tandis que Dolorès de la même manière retourne vers la porte donnant vers les chambres. Elles disparaissent en même temps, laissant Juan-Pedro tout seul.

Juan-Pedro - Aïe aïe aïe ! Madre de Dios ! Pourquoi la vie parfois est si compliquée ?

Il se sert un verre. Pendant ce temps, arrivée dans la salle de Marius Canéloni. Après s'être retourné plusieurs fois d'un air menaçant en fixant des yeux les grenouilles, il pénètre dans la maison. Il est vêtu d'une chemise déchirée et le bas de son pantalon est trempé. Il reste quelques secondes sur le seuil de la terrasse, observant la pièce et Juan-Pedro. À son arrivée, Juan-Pedro pose son verre.

JUAN-PEDRO - Ah! voilà un nouvel invité! Buenos dias! Entrez! Entrez! Enfin, yé vais pouvoir trinquer avec quelqu'un qui n'est pas énervé. *(Marius se dirige vers lui, prend son verre posé sur la table et le vide d'un trait.)* Euh… vous voulez boire quelque chose? *(Marius s'assoit sur le canapé près de Juan-Pedro et entreprend de défaire chaussures et chaussettes. Juan-Pedro se ressert dans le verre que Marius vient de vider.)* Vous avez remarqué? C'est ploutôt houmide dans la région. *(Marius, après avoir contemplé ses doigts de pieds en éventail, reprend le verre de Juan-Pedro et le vide à nouveau d'un trait.)* Ma yé prendrais bien oune pétite téquila… Vous reprenez quelque chose?

MARIUS - Ton pantalon.

JUAN-PEDRO - Pardon?

MARIUS - Ton pantalon! File-moi ton pantalon!

JUAN-PEDRO - Porqué? Yé né comprends pas!

MARIUS *(sortant un revolver de sa poche arrière)* - Et avec ça, tu comprends mieux? Allez! Magne-toi!

JUAN-PEDRO *(se levant d'un coup)* - Marious Canéloni! Vous êtes Marious Canéloni! Celoui qui s'est évadé dé la prisonne!

MARIUS - Ton pantalon, que je te dis si tu ne veux pas manger du pruneau!

JUAN-PEDRO - Tout de souite señor Marious, vous allez voir, il est très confortable.

Il commence à se déshabiller tandis que Marius fait de même.

MARIUS *(enlevant sa chemise)* - La chemise aussi !

JUAN-PEDRO - La chemise ? Natourellement, la chemise.

MARIUS *(se réajustant)* - Ah ! ça fait plaisir de se sentir au sec ! Pas vrai, petite tête ?

JUAN-PEDRO - Oui, bien soûr ! Bien soûr !

MARIUS - Tu sais que tu vas me plaire, toi ? *(Il tapote le canapé.)* Allez ! Viens t'asseoir ici ! Dépêche-toi ! *(Juan-Pedro s'exécute avec crainte.)* Eh ben, voilà ! *(Il lui passe le bras autour du cou.)* Alors ? On n'est pas bien ici ? Réponds-moi, petite tête !

JUAN-PEDRO - Si, si ! Señor, on est très bien.

MARIUS - Que c'est bon de se reposer ! Tranquille ! Peinard !… Tu sais, je n'ai pas arrêté de courir pendant des plombes dans ce maudit marais… Enfin… Ça valait le coup de cavaler parce que j'ai l'impression que je viens de trouver la planque idéale. Tu vois, ma biche, je sens que je vais être bien ici… T'as de la chance, on va avoir le temps de faire connaissance.

Toujours maintenu par Marius, Juan-Pedro ne dit rien mais n'en mène pas large. Arrivée de Liliane.

LILIANE - Oh ! pardon ! Je ne voulais pas vous déranger. *(Elle va pour sortir.)*

MARIUS - Pas de soucis ma petite dame, vous ne dérangez pas. N'est-ce pas, petite tête, qu'elle ne dérange pas la dame ?

JUAN-PEDRO - Non, non, pas dou tout… Vous né déranyez pas. Yé vous assoure.

LILIANE - C'est parce que je vous voyais en caleçon… J'ai été un peu surprise.

JUAN-PEDRO - Oui, moi aussi.

Liliane - Vous dites ?

Juan-Pedro - Non yé dis qué tout va bien… C'est parce que y'avais oune peu chaud. Yé mé souis dit qué yé pouvais enléver mes habits.

Liliane - Écoutez, monsieur Juan-Pedro, personnellement cela ne me choque pas, je ne crois pas que cela choquera Laurent non plus… En revanche, ne craignez-vous pas de gêner certains ou certaines de nos invités ?

Juan-Pedro *(cherchant à se lever)* - Madame a raison, yé ferais bien d'aller m'habiller, y'en ai pour deux minoutes.

Marius le fait rasseoir sans ménagement.

Marius - Bouge pas petite tête ! Pour le moment, t'es bien comme ça. *(À Liliane.)* Vous dites qu'il y a des invités ? Ils sont nombreux ?

Liliane - Plein la maison ! Il y en a partout ! Comment allons-nous nous organiser ? Excusez-moi, vous me voyez un peu dépourvue, c'est tout simplement parce que je ne m'attendais pas à votre venue. Mariette et Guy auront oublié de nous en parler… Mais ne vous inquiétez pas, vous êtes évidemment le bienvenu. Il ne reste plus qu'à régler le problème du couchage…

Marius - Vous cassez pas ! Y a pas de blème, je dormirai avec mon copain.

Juan-Pedro - Ma yé dors déyà avec Dolorès, ma fiancée.

Marius - Eh ben, je dormirai avec ta fiancée.

Liliane - Vous pensez qu'elle sera d'accord ?

Marius - Bien sûr ! Quand il lui aura bien expliqué, vous verrez qu'elle comprendra.

Juan-Pedro - Ça se voit que vous né connaissez pas Dolorès !

Liliane - Ah bon ? Vous ne connaissez pas Dolorès ?

MARIUS - Non, c'est vrai. Je connais surtout petite tête… Mon grand copain petite tête. *(En disant cela, il lui tapote la tête.)*

LILIANE - Euh… les autres sont par là ?

JUAN-PEDRO - Oui… Ils font la couisine.

LILIANE - Je vais voir ce qu'ils fabriquent. À tout de suite !

Elle sort vers la cuisine.

MARIUS - Écoute-moi bien petite tête ! T'as intérêt à faire comme je te dis sinon je te fais sauter les dents… Remarque, après tu seras peinard, tu pourras même faire des économies de dentifrice. Tu vois ce que je veux dire ? Tu vois ?

JUAN-PEDRO *(tremblant)* - Yé vois !

MARIUS - Alors si tu ne veux pas que ça arrive, écoute-moi bien, ma poule… Tu vas dire à tout le monde que c'est toi qui as invité ton cher vieux copain Marius. C'est bien compris ?

JUAN-PEDRO - Oui, oui ! Bien soûr !

MARIUS - Et surtout, n'oublie pas que c'est moi qui ai la machine à cracher les pruneaux. *(Il sort son arme et la lui met sous le nez.)* Si tu fais le mariolle, c'est toi qui en mangeras le premier. Comprendo ?

JUAN-PEDRO - Comprendo.

Entrée de Mariette, Guy et Jo.

JO - Vous avez vu ? Liliane n'a pas menti.

GUY - Ben oui… On voit… Dites donc, mon vieux, qu'est-ce que vous faites comme ça ?

JUAN-PEDRO - Y'avais oune peu chaud, alors yé mé souis mis à l'aise. Il n'y a pas dé problème.

JO - Bientôt il va vous expliquer qu'il a des bouffées de chaleur à cause de sa ménopause. N'écoutez pas son baratin… Si vous voulez mon avis, ce type m'a tout l'air d'être un vrai exhibitionniste. Ce qui ne m'étonne guère quand on voit comment il se conduit avec les dames.

GUY - Et si j'en crois ce que je vois, peut-être aussi avec les messieurs. *(À Marius.)* Dites, ce n'est pas sa chemise que vous portez ?

MARIUS - Si ! Pourquoi ? Ça vous embête ?

GUY - Ah non… Pas du tout. Je trouve cela seulement un peu curieux.

JUAN-PEDRO - Euh… yé vous présente Marious, oune vieil ami.

MARIETTE - Le genre de vieil ami pour qui vous donneriez votre chemise ?

JUAN-PEDRO - Voilà ! Vous avez tout compris. Pour lui yé donnerais ma chémise. D'ailleurs c'est déya fait. Yé l'estime tellement c'est pour cela qué yé l'ai invité à nous reyoindre.

MARIETTE *(à Marius)* - Et vous-même, vous avez invité qui ?

MARIUS - Moi ? Personne. Pourquoi voulez-vous que j'invite quelqu'un ?

MARIETTE - Non, mais si les invités de nos invités commencent à inviter leurs propres invités, vous voyez ce que je veux dire ?

MARIUS - Non, je vois pas.

MARIETTE - Vous ne voyez pas ? Eh bien, je vous invite à y réfléchir.

MARIUS - Vous m'invitez ? Ben alors tout va bien !

Arrivée de Dolorès.

DOLORÈS - Juan-Pedro ! Madre de Dios ! Yé n'en crois pas mes yeux ! Tu vas mé faire lé plaisir dé té rhabiller. Qu'est-ce qué tou fais comme ça devant mes amis ? Tou es dévénou fou ?

JUAN-PEDRO - Mais non ! Yé t'expliquerai, ne t'inquiète pas mon pétite oiseau, ma colombe, mon pétite pigeon. *(Il tend les bras pour venir l'embrasser.)*

DOLORÈS - Ne m'approche pas ! Récoule !

JUAN-PEDRO *(roucoulant)* - Rou rou rou ! Oui, mi amor ! Toi aussi ! Roucoule !

DOLORÈS - Mais non, imbécile ! Yé té démande dé té récouler ! Pas dé roucouler ! En arrière, yé té dis ! Yé discoutérai quand tou séras habillé.

JUAN-PEDRO *(à Marius)* - Elle a raison... Yé dévrais peut-être aller m'habiller.

MARIUS - D'accord, petite tête ! Montre-moi ta chambre, je te suis !

DOLORÈS - Comment ça « yé té souis » ? Dis-moi, Juan, c'est qui cé type ?

JUAN-PEDRO - C'est oune ami... Il va rester oune poquito ici... Lé temps dé sé retourner...

MARIUS - Bon ! On y va ?

JUAN-PEDRO - Si, si ! *(À Dolorès.)* Yé n'en ai pas pour longtemps. À tout dé souite ! Ne t'inquiète pas. Tout va bien sé passer.

DOLORÈS - Yé né m'inquiète pas... Tou sais, Juan, tou es mayeur et tou as lé droit dé fréquenter qui tou veux. Tou aurais simplement doû m'en parler, parce que là, vois-tou, yé souis oune poquito sourprise.

JUAN-PEDRO - Dolorès, mi amor, il faut qué yé té dise. On né fait pas touyours ce qu'on veut dans la vie.

Marius et Juan-Pedro sortent.

DOLORÈS - C'est céla ! Yé vais té croire… Et n'oublie pas de prendre ton temps avec ton… ami ! Vois-tu, yé crois qué mainténant yé né souis plous aussi pressée dé té révoir. *(À Jo.)* Yé souis désolée pour l'incident dé tout à l'heure, yé n'aurais pas doû m'énerver, il n'en valait pas la peine.

JO - Là-dessus, on est d'accord ! Je suis ravie de pouvoir faire la paix avec vous.

DOLORÈS - Quand nous étions fâchées, on se toutoyait, non ? On pourrait peut-être continouer.

JO - Excellente idée ! Tope là, Dolorès !

Elles se tapent la main.

GUY - Dis-moi, Dolorès, ce type, c'est vrai que tu ne le connais pas ?

DOLORÈS - Non, Guy, yé t'assoure, c'est la prémière fois que yé lé vois.

MARIETTE - Et ton fiancé ne t'en a jamais parlé ? C'est bizarre…

GUY - Pourtant ils ont l'air de bien s'entendre.

JO - Ouais ! Comme cul et chemise.

GUY - C'est le cas de le dire.

DOLORÈS - Tout de même, cé n'est pas clair. Yé lé connais, le Juan, d'habitoude il est plous soûr dé loui, là il avait l'air oune poquito craintif.

MARIETTE - Que veux-tu dire, Dolorès ?

DOLORÈS - Yo no sais… Yé souis sourprise, c'est tout !

Irruption de Samantha.

SAMANTHA - Vous l'avez-vu ? Non mais… Vous l'avez vu ?

GUY - À part Laurent, je me demande qui aurait pu ne pas voir.

SAMANTHA - Le pauvre ! Il est dans un état ! Mon Dieu !

MARIETTE - Je ne sais pas ce qu'il voulait nous prouver en se mettant ainsi, mais en tout cas c'est raté !… Vois-tu, moi aussi je dois dire que j'en ai été choquée… J'ai peut-être des principes mais sache que, tout comme toi, j'apprécie toujours un peu de retenue.

SAMANTHA - Comment peux-tu dire cela ? Ce n'est tout de même pas de sa faute !

MARIETTE - Comment cela ?

SAMANTHA - Non… On ne peut tout de même pas lui en vouloir ! C'est simplement quelqu'un de plus sensible que les autres…

JO - Alors là ! Vraiment ! Vous, vous m'épatez ! Et vous la situez où sa sensibilité ?

SAMANTHA - Je ne comprends pas.

DOLORÈS - Comment vous né comprénez pas ? Vous trouvez normal qu'oune hombre sé promène en caleçonne dans la maisonne ?

SAMANTHA - Mais de quoi parlez-vous ? Je ne vous parle pas de caleçonne, je vous parle des gros sanglots que ce pauvre monsieur déversait dans l'escalier… Vous l'auriez vu, il était inconsolable.

DOLORÈS - Et son compagnonne ? Qu'est-ce qu'il disait ?

SAMANTHA - Son ami ? Je l'ai trouvé bien maladroit… À part lui taper sur la tête en lui disant : « Tais-toi petite tête », je trouvais qu'il ne lui était guère d'un grand secours.

DOLORÈS - Et vous dites qu'il pleurait ?

SAMANTHA - Inconsolable ! Le pauvre garçon !

DOLORÈS - Yé vous lé dis, yé lé sens, Juan-Pedro n'est pas dans son état normal… Et pouis… Qu'est-ce qu'il fait avec ce garçonne ? D'habitoude, ce sont ploutôt les filles qui l'intéressent.

Jo - Ouais ! J'ai cru comprendre.

Dolorès - Yé vous dis qu'il y a quelque chose qui né va pas.

Mariette - C'est pourtant simple ! Son copain vient de lui faire une scène de jalousie. Voilà pourquoi il est tout péteux votre Juan-Pedro !

Dolorès - Tou crois ?

Guy - En tous les cas, ce n'est pas cela qui va nous gâcher la fête et crois-moi, cela ne va pas nous empêcher de te souhaiter…

Tous *(très fort)* - Joyeux anniversaire !

FIN DE L'ACTE II

ACTE III

Sur scène, Mariette, Liliane, Laurent, Samantha, Dolorès, Jo, Roger et Paulette. Il fait noir. Arrivée de Guy portant un gâteau orné de bougies allumées. À son entrée, tous se mettent à chanter.

TOUS - Joyeux anniversaire… Joyeux anniversaire…

Mariette souffle les bougies. Pendant que tous chantent, la lumière se rallume.

MARIETTE - Merci! Merci à vous tous! Merci pour vos cadeaux… Vraiment, j'ai été comblée! Il ne me reste plus qu'à couper le gâteau… Voyons, combien sommes-nous déjà? Tout le monde est là?

GUY - Non, il manque Juan-Pedro et son ami. Ils doivent être encore à table de l'autre côté.

LILIANE - Je n'ai jamais vu quelqu'un dévorer autant que ce M. Marius. Vous l'avez vu? Un vrai ogre.

SAMANTHA - Je ne devrais peut-être pas vous le dire mais je vous le dis quand même… Moi, ce monsieur me fait peur. Je vous assure. Vous avez vu sa tête?

JO - Alors là! Pour une fois je suis d'accord avec vous… Ce type serait sûrement un brillant sujet d'étude pour les anthropologues… Le chaînon manquant entre le singe et l'homme… Une intelligence

remarquable, une conversation raffinée : « Hon ! hon ! hon ! »…
Ajoutez à cela une sensibilité, un sens de l'humour et du tact avec
les dames. Vraiment, ce garçon a tout pour plaire !

PAULETTE - Je le regardais pendant qu'il mangeait… Vous avez
vu ses yeux ? Il ferait peur à un singe.

LAURENT - Si on commence à juger les gens sur leurs yeux…
Vous avez vu les miens ? Allons, mesdames ! Un peu de sérieux !
Savez-vous que si le délit de sale gueule était officiellement reconnu,
il y aurait plus de monde en prison qu'en liberté ? C'est fou comme
la différence peut faire peur… Qu'on soit bronzé, jaune, noir, trop
gros, trop maigre, handicapé, chevelu ou rasé, dès qu'on sort de la
norme, on est forcément suspect… Suspect d'exister, suspect de vivre
différemment des autres… Alors, je vous en prie, essayons de nous
regarder sans a priori.

GUY - D'accord mon Lolo ! Soyons tolérant ! Mais faut-il l'être
avec tout le monde ? Avec les psychopathes, les pervers, les exploi-
teurs ? Ne faut-il pas se préserver de tout angélisme ? Peut-on être
tolérant avec l'intolérance ? Vaste débat.

LAURENT - Crois-moi ! Tant qu'on se pose ce genre de questions,
même si on ne résout pas tout, il y a de l'espoir. L'important est de
ne pas se cacher les yeux car tu sais comme moi qu'il n'y a pire
aveugle que celui qui ne veut pas voir. En ce qui concerne ce monsieur,
attendons avant de juger.

ROGER - Moi, tant qu'il ne vient pas manger dans mon assiette…

DOLORÈS - Yé mé démande où Juan-Pedro est allé le chercher
cet hombre… Yé né l'avais yamais vou… En tout cas, yé né
réconnais plou Juan-Pedro, cé né plous dou tout lé même. Dé toute
façonne après lé répas, yé les fiche à la porte. Ils né vont pas rester
ici à nous gâcher la fiesta.

ROGER - Justement, en parlant de fête, on pourrait peut-être
trinquer à la santé de Mariette. Laurent, faudrait penser à rhabiller
le petit ! *(Montrant son verre vide.)* Le pauvre ! Il n'a plus rien !

GUY - Ben dis donc mon Roger ! T'es comme le cow-boy : tu bois plus vite que ton ombre !

PAULETTE - Le Roger, il boit ça comme du lait… À part que du lait, il en boit jamais.

ROGER - Je boirai du lait quand les vaches mangeront du raisin. Vous allez tout de même pas m'empêcher de boire si j'ai soif !

LAURENT - Tu sais, Roger, il faut apprendre à connaître le vin avant de le boire… Tiens ! Amène ton verre et goûte-moi ça ! *(Il le sert.)* Tu vas voir, un bon vin c'est comme un être vivant : ça a un caractère, une personnalité propre… Prends le temps de faire connaissance… Regarde-le… Respire-le… Ensuite seulement tu pourras le boire.

ROGER - Voyons… *(Après l'avoir reniflé avec insistance, il boit.)*

LAURENT - Garde-le en bouche !

ROGER - Évidemment que je vais le garder en bouche ! Tu ne crois pas que je vais le garder dans l'oreille !

LAURENT - Tais-toi donc ! Comment veux-tu le garder en bouche si tu parles tout le temps ?

ROGER - Ouais… Redonne-m'en un petit peu parce que là, j'ai pas eu le temps de goûter.

GUY - Doucement Roger ! Ce n'est pas de la limonade qu'il te donne. Je ne te ferai pas l'injure de te donner le prix de cette petite merveille mais, crois-moi, c'est un bon millésime.

PAULETTE - Garde-le en bouche qu'on te dit !

LAURENT - Comme tu peux le constater, ce vin a du corps, de la consistance… Nous dirons qu'il est charnu… Sens-tu, Roger, cet équilibre entre les tanins et le moelleux qu'apporte l'alcool ?

Pendant la réplique, Roger fait des effets de bouche et fini par se gargariser la tête en arrière.

Jo - Non mais… Là c'est bon ! Arrêtez ! On se croirait chez le dentiste. C'est dégoûtant !

Roger - Moi, on me demande d'apprécier, j'apprécie ! Faudrait savoir !

Paulette - Remarque, elle a raison…C'est dégoûtant ! Moi, j'aimais autant quand t'appréciais pas. Tu faisais moins de bruit.

Roger - Jamais contente ! Ce n'est pas le tout, faudrait peut-être pas oublier les jeux… Parce qu'un anniversaire sans jeux, ce n'est plus un anniversaire. On va commencer par la tombola. Tout le monde a gardé son ticket ? Y a pas de raison qu'il n'y ait que Mariette à avoir un cadeau, c'est pourquoi je vais attribuer deux lots. Un sèche-linge et une radio portative.

Samantha - Non ! Je ne vous crois pas ! C'est une blague. Vous n'êtes pas venus avec un sèche-linge et une radio ?

Roger - Si je vous le dis !

Samantha - C'est cela ! Je vais vous croire ! De toute façon, je m'en fiche ! Je ne gagne jamais à aucun jeu.

Roger - Rappelez-moi votre numéro ?

Samantha - Le numéro deux.

Roger - Attention ! Attention ! Le tirage va commencer ! Je mélange… *(Il fait bouger sa main énergiquement quelques secondes puis s'arrête en gardant deux doigts levés.)* Le numéro deux ! Le numéro deux gagne un sèche-linge.

Samantha - C'est moi !

Roger - Félicitations ! Vous allez voir que je ne mens pas.

Il sort un petit paquet cadeau.

Samantha - Quoi ? C'est ça votre sèche-linge ?

Roger et Paulette *(visiblement heureux, hochant la tête)* - Oui !

Samantha déballe le paquet et découvre un fil à linge et quelques épingles.

Paulette - Vous avez vu ? On ne vous a pas menti !

Roger - Attention ! Deuxième lot ! Une radio portative ! *(S'adressant à Jo et Dolorès.)* Quel numéro avez-vous, mesdames ?

Jo - Moi le trois… Mais si je perds, je ne vous en voudrai pas.

Dolorès - Moi, c'est le quatre.

Roger recommence à agiter sa main pour finalement s'arrêter en montrant quatre doigts.

Roger - Le quatre gagne la radio !

Jo - Malheureuse en amour, heureuse au jeu !

Dolorès - Yé m'attends à tout !

Roger sort un cadeau enveloppé et le tend à Dolorès qui entreprend de défaire l'emballage pour découvrir une radiographie à laquelle a été rajoutée une ficelle en guise de poignée.

Dolorès - C'est oune yolie radio.

Roger - Je savais que ça allait vous plaire ! Allez ! On ne mollit pas ! Maintenant on va voir si vous n'êtes pas trop desséchés de la tête… On va faire des jeux intellectuels. Vous êtes prêts ? Vous allez essayer de deviner des expressions que je vais vous mimer. D'accord ?

Laurent - Ouais ! Facile !

Roger - Mince ! C'est vrai ! J'oubliais ! Bon, ben, toi, t'es hors concours.

Laurent - Toujours les mêmes !

Roger - Ne fais pas ton parano ! Sers-moi plutôt un coup de pinard.

LAURENT - Mon vin, du pinard ? Reste le gosier sec ! Ça t'apprendra !

ROGER - Te fâche pas ! Les autres, regardez bien ! Vous devez deviner l'expression.

Il se met un doigt dans l'œil.

LILIANE - « Se mettre le doigt dans l'œil. »

ROGER - Bien, Liliane !

LAURENT - C'est ma femme… Le doigt dans l'œil, c'est normal qu'elle trouve.

ROGER - Ne perturbe pas ! On continue.

Il prend un pot, le pose au centre de la pièce, le regarde et fait « non » de la tête en signe de refus.

JO - « Ne pas tourner autour du pot. »

SAMANTHA - Bravo ! Comment avez-vous trouvé ?

JO - C'était facile. Il faut reconnaître que c'est un peu mon caractère.

SAMANTHA - Non ! Vous croyez ?

ROGER - Ne commencez pas à vous chamailler, les filles ! On continue… Ah ! là, j'ai besoin de ma partenaire ! Tu viens, Paulette ?

PAULETTE - Qu'est-ce que tu me veux ?

ROGER - Viens que je t'explique !

Il lui chuchote les consignes dans le creux de l'oreille.

PAULETTE - J'ai rien compris !

ROGER - On ne te demande pas de comprendre, on te demande de faire.

Roger place une bouteille d'eau dans un bout de la pièce tandis que Paulette va se placer, un verre à la main, à l'autre bout de la pièce. Au signal de Roger, Paulette traverse la pièce, se sert un verre d'eau, boit, puis repart le verre à la main. Après avoir répété trois fois l'opération, au milieu du parcours elle fléchit les genoux et fait semblant de tomber.

ROGER - Alors? *(Tous restent perplexes.)* À la fin, qu'est-ce qu'elle fait?

LILIANE - Elle faiblit?

ROGER - Mais non! Elle fait pas « blit ».

GUY - Elle tombe?

ROGER - Et en tombant, elle se…

SAMANTHA - … casse?

ROGER - Bien! Alors?

JO - Ça y est! J'ai trouvé! « Tant va la cruche à l'eau qu'à la fin elle se casse. »

Tous applaudissent.

ROGER - Une autre? Il me faut un accessoire… Où donc ai-je mis ma pancarte? *(Il va chercher une pancarte sur laquelle est inscrit « an neuf » et la tend à Guy.)* Tiens, Guy! Il n'y a que toi qui la mérites.

PAULETTE - Pourquoi que lui? Pourquoi pas moi? Alors moi, je suis bonne que pour faire la cruche?

ROGER - Râle pas Paulette! Ce n'est pas de ma faute, c'est le jeu… *(Aux autres.)* Alors? Vous avez trouvé?

Tous acquiescent.

JO - Fastoche!

ROGER - Alors, Paulette ? Tu ne vois pas ? Fais un effort… Je suis sûr que mêmes les grenouilles ont trouvé.

PAULETTE *(regardant les grenouilles)* - Oh ! ben non ! Quand même pas !

LAURENT - Dis-moi, Paulette, qu'y a-t-il écrit sur la pancarte ? À deux on va peut-être y arriver.

PAULETTE - Y a écrit : « an neuf ». Pourquoi neuf ? Pourquoi pas six ou sept ?

LAURENT - Et Roger t'a dit à qui appartenait cet an neuf ?

PAULETTE - Alors là ! Pas à Paulette en tout cas, ça j'ai bien compris. Ce n'est pas à Paulette l'an neuf, c'est au Guy l'an neuf !

LAURENT - Eh ben, voilà !

PAULETTE - Voilà quoi ?

ROGER - « Au gui l'an neuf. »

PAULETTE - Ça j'ai compris, je ne vais pas lui piquer… Et après ?

ROGER - Ben après… C'est tout !

PAULETTE - Comment ça, c'est tout ?

ROGER - Ben oui !

PAULETTE - Et tu penses nous enquiquiner longtemps avec tes jeux à la noix ?

ROGER - Ils sont très bien mes jeux.

Entrée de Marius et Juan-Pedro, toujours aussi craintif.

MARIUS - S'ils sont bien, on va pouvoir jouer avec vous. Alors à quoi vous jouez ?

GUY - C'est simple : une personne mime une expression que les autres doivent trouver.

Juan-Pedro - Oh oui ! Y'ai compris ! *(À Mariette.)* Vous avez des enfants ?

Mariette - Oui ! Ils sont grands maintenant.

Juan-Pedro lance une bouteille à Mariette qui la rattrape de justesse.

Juan-Pedro - Voilà !

Samantha - J'ai trouvé ! « Lancer une bouteille à la mère. »

Juan-Pedro - C'est cela ! Attendez ! *(Il s'apprête à retourner vers la salle à manger.)*

Marius - Où vas-tu, petite tête ?

Juan-Pedro - Yé reviens tout dé souite, yé vais chercher oune accessoire !

Marius - Dépêche-toi !

Juan-Pedro sort en courant et revient aussitôt, un os de poulet à la main.

Paulette - Qu'est ce qu'il nous fait ? Il va nous faire le chien ?

Juan-Pedro secoue la tête négativement, montre l'os et en cache la moitié.

Liliane - Os… Os caché… Demi os… Os court. Oui ! C'est cela ! « Au secours ! »

Juan-Pedro - Oui ! Bravo ! Vous commencez à comprendre… Oune autre…

Il touche la joue de Guy en faisant une grimace et en faisant « non » de la tête puis il s'approche de Roger puis de Laurent en faisant la même chose. Il s'approche de Dolorès, lui caresse la joue et fait de même avec Samantha et Jo.

GUY - Il n'aime pas les peaux rugueuses… Il préfère… la peau lisse ! La peau lisse ! Oui ! *(Juan-Pedro désigne ses fesses.)* La peau lisse aux fesses ? Ah oui ! La police aux fesses ! « Avoir la police aux fesses », c'est cela ?

Juan-Pedro acquiesce, les yeux pleins d'espoir.

MARIUS *(après avoir bu un verre, la bouteille à la main)* - Bon ! Ça suffit petite tête ! Tu sais ce qui serait gentil ? Ce serait qu'on aille débarrasser et faire la vaisselle, je suis sûr que ça ferait plaisir à la petite dame. Pas vrai ?

MARIETTE - Non, laissez ! On fera cela plus tard ! Tous ensemble !

MARIUS - Pensez-vous ! Vous savez, on est tellement heureux d'être invités qu'on ferait tout pour vous remercier. Pas vrai, petite tête ?

JUAN-PEDRO - Oui ! Bien soûr monsieur Marius !

MARIUS - Voyons, petite tête ! Depuis le temps qu'on se connaît, laisse tomber le monsieur ! Appelle-moi Marius !

JUAN-PEDRO - Oui Marius !

MARIUS - Alors ? On y va ? *(S'adressant à tous.)* Après la vaisselle, on ira certainement se coucher. Je dormirai avec lui parce qu'on est tellement contents de se revoir qu'on n'a pas du tout envie de se séparer, pas vrai bonhomme ?

JUAN-PEDRO *(plaintif)* - Oui Marius.

DOLORÈS - Juan-Pedro ?

JUAN-PEDRO - Oui Dolorès ?

DOLORÈS - Tou n'as rien à me dire ?

JUAN-PEDRO - Si, Dolorès, yé veux té dire qué yé t'aime et qué plous yamais yé né régarderai les autres femmes.

DOLORÈS *(regardant Marius)* - Ça y'ai bien compris, Juan-Pedro, pas la peine dé mé faire oune dessin.

JUAN-PEDRO - Ma tou né comprends pas !

DOLORÈS - Ma si, Juan ! Yé comprends ! L'important c'est qué tou sois heureux. Crois-moi, yé souis sincère.

MARIUS - Allez ! Viens, petite tête !

JUAN-PEDRO - Aïe aïe aïe !

Sortie de Marius et Juan-Pedro.

DOLORÈS - Comment a-t-il pou m'oublier aussi vite ? Yé souis désespérée.

SAMANTHA - Vous ne voyez pas qu'il est retenu en otage ? Il nous l'a pourtant bien fait comprendre. Une bouteille à la mer ! Au secours ! Avoir la police aux fesses ! Tout cela est suffisamment explicite. Que vous faut-il de plus ?

JO - Vous, vous lisez trop de romans policiers.

PAULETTE - Elle est un peu « capillo-tractée » votre histoire.

JO - « Cappilo-tractée » ? C'est quoi ça ?

ROGER - Ça veut dire « tirée par les cheveux ».

LILIANE - Non… Je crois que Samantha a raison.

SAMANTHA - Je vous assure ! J'en suis persuadée… Le pauvre garçon ! Vous n'avez pas vu comme il tremblait de peur ?

JO - C'est vrai qu'il avait l'air un peu moins fier que lorsque nous avons fait connaissance.

GUY - Mais pourquoi ne l'a-t-il pas dit directement ? Au lieu de cela, il nous oblige à jouer les Sherlock Holmes… Je ne vois pas ce qui l'empêche de parler.

SAMANTHA - Parce que ce Marius doit être armé… Se sentant menacé, le fiancé de mademoiselle n'aura pas voulu s'exposer ni nous exposer.

DOLORÈS - Mais oui ! C'est ça ! Mi querido ! Pauvre pétit ! Ce Marious, yé vais lé rédouire en bouillie !

ROGER - Bon sang ! Marious ! Enfin… Je veux dire, Marius ! C'est lui ! C'est le type qui s'est évadé de prison ! Ils l'ont dit à la radio… Tu te rappelles, Paulette ?

PAULETTE - Un peu que je m'en rappelle ! Je ne suis pas complètement « amsénique ». Même qu'y z'ont dit qu'il était armé.

SAMANTHA - Qu'est-ce que je disais !

JO - Ben voilà pourquoi il faisait moins le malin, l'hidalgo. Tu m'étonnes ! Si l'autre lui a sorti son calibre…

PAULETTE - Hé ! C'est pas l'hidalgo qu'il s'appelle, c'est Juan-Pedro. Vous aussi des fois vous oubliez ? Ah ! ben ça me rassure !

LAURENT - Mes enfants, je pense qu'il n'est pas nécessaire de prendre des risques inutiles. Je propose donc une évacuation en douceur. Certains s'enfuiront dans le marais tandis que d'autres chercheront à rejoindre le village. De là, ils contacteront la police.

DOLORÈS - Moi, yé né bouge pas. Yé né vais tout dé même pas abandonner mon pauvre pétit Juan !

JO - Même si je le trouve gonflant votre toréador, je ne vais pas le laisser se faire massacrer par l'autre King Kong. J'ai fait un stage de close-combat le mois dernier, ça pourra nous être utile.

SAMANTHA - C'est curieux, je ne vous pensais pas si altruiste.

JO - Pourquoi dites-vous cela ?

SAMANTHA - Lorsque nous avons traversé le marais, vous ne sembliez guère préoccupée par les autres, reconnaissez-le.

Jo - Je n'aime pas quand ça traîne, c'est tout !

SAMANTHA - Soit ! Je veux bien revoir mes positions… Vous êtes après tout peut-être moins égoïste que je le pensais. En attendant, moi aussi je reste ! Je trouve cela excitant ! Pour une fois que je peux vivre une aventure, je ne vais pas m'en priver.

Jo - Quelle intrépide ! Quand nous nous sommes rencontrées, je ne vous voyais pas du tout comme ça.

SAMANTHA - Vous n'avez pas eu le temps de me voir beaucoup puisque vous étiez toujours cinquante mètres devant.

Jo - Bonne réponse ! Finalement on va finir par s'entendre… Si cette histoire finit bien, je vous laisserai la grande chambre.

SAMANTHA - Si cette histoire finit bien, nous partagerons la grande chambre.

Elles se serrent la main.

DOLORÈS - Merci les filles ! Yé vous adore ! C'est yentil dé mé soutenir… ma, les autres, allez-y ! Ne vous mettez pas en danyer !

LAURENT - Bon… Roger et Paulette, qu'est-ce que vous faites ?

ROGER - Nous, on a crapahuté tout l'après-midi dans le marais, on ne va pas y retourner.

PAULETTE - Ouais ! Les grenouilles, on les a assez vues.

LAURENT - Comme vous voulez… Guy ?

GUY - Tu ne crois pas que je vais laisser mes invités ? Mais toi-même Laurent, pars donc avec Liliane prévenir la police.

LAURENT - Je ne voudrais surtout pas retarder Liliane… J'ai beau être aveugle, cela ne m'empêche pas d'être clairvoyant… Non, Mariette accompagnera Liliane… Les filles, on vous charge d'aller prévenir la police. Nous, nous essayerons de faire diversion au cas où il s'aviserait de sortir de la chambre.

LILIANE - Entendu ! *(Elle se dirige vers le meuble aux médicaments, prends une dose de granules qu'elle gobe d'un trait puis elle tend une autre dose à Mariette.)* Tu en veux ? Aconit 9 CH. Très efficace contre la peur.

Mariette acquiesce, prend la dose et l'avale. Arrivée de Marius et Juan-Pedro.

MARIUS - Voilà ! La vaisselle est faite… C'est bien, petite tête ! T'as bien travaillé. Maintenant, au lit ! La journée a été dure, pas vrai ? Ah ! j'oubliais… Dolorès, petite tête a la migraine… Vaudrait mieux aller dormir ailleurs cette nuit… Une bonne nuit de sommeil et demain ça ira mieux… Pas vrai, petite tête ?

JUAN-PEDRO - Si señor !

MARIUS - Eh ben, on va y aller… Bonsoir à tous ! Faites pas trop de bruit, on aimerait bien dormir.

JUAN-PEDRO - Buenas noches !

TOUS *(sur un ton mielleux)* - Bonne nuit ! Faites de beaux rêves !

Ils sortent.

GUY - C'est bon les filles ! La voie est libre. Vous allez pouvoir y aller. Bonne chance !

Mariette et Liliane s'apprêtent alors à sortir par la porte d'entrée quand Marius surgit, un revolver à la main. Il tient Juan-Pedro comme un bouclier.

MARIUS - Doucement les greluches ! Ne bougez pas !

MARIETTE - Oh ! monsieur Marius ! Nous allions faire une petite promenade vespérale… pour digérer…

LILIANE - Vous voulez nous accompagner ?

MARIUS - Mais bien sûr ! Et vous voulez que je vous aide à digérer ? *(Montrant son revolver.)* Vous le voyez mon médicament ?

Alors faites pas trop les malignes sinon je vais vous faire avaler quelques pilules et je vous garantis qu'après vous n'aurez plus de problèmes d'estomac. C'est bien compris ?

LILIANE et MARIETTE - Oui ! Oui !

MARIUS - Il va falloir arrêter de me prendre pour un naze ! *(Les imitant.)* « Bonne nuit ! Faites de beaux rêves ! » Et pendant qu'il y en a qui dorment, on se précipite pour prévenir les keufs, pas vrai ?

LILIANE et MARIETTE - Oh ! ben non !

LILIANE - Qu'allez-vous penser ?

MARIETTE - Vous vous méprenez.

MARIUS - Ça suffit ! Je sens que si vous continuez à m'énerver, je vais faire un carnage… Allez ! Asseyez-vous là ! *(Désignant le canapé.)* Les autres aussi ! Tout le monde dans le coin !

JUAN-PEDRO - Faites ce qu'il vous dit ! C'est oune malade ! Il est capable de vous touer !

MARIUS - C'est bien petite tête ! Tu fais bien de les prévenir. *(D'un air menaçant, en montrant son revolver.)* Vaut mieux prévenir que guérir ! Allez ! Tout le monde dans le coin ! Dépêchez-vous ! Et toi aussi l'Espagnol ! *(Il le pousse vers les autres.)*

JUAN-PEDRO *(se rebiffant)* - Ça souffit ! Y'en ai marre qué tou mé traites comme oune carpette ! Tou né sais pas qué y'ai dou sang yitan dans les veines et les yitans faut pas leur faire monter l'excitationne. Tou fais lé fier parce qué tou as lé révolver, ma c'est fini ! Tou mé fais plous peur ! Yé vais té montrer ce qué c'est qu'oune yitan.

Il se plante devant Marius, légèrement cambré, les mains à la hauteur de la tête à la manière d'un danseur de Flamenco. Tout en dansant il se met à brailler une mélopée gitane.

MARIUS - Tais-toi! Arrête de gueuler comme ça! *(Juan-Pedro continue de manière de plus en plus frénétique.)* Tant pis! Tu l'auras voulu! Prépare-toi à mourir!

Il tend un peu plus le bras comme s'il s'apprêtait à tirer. Pendant ce temps Laurent, que Marius a laissé déambuler dans la pièce, s'approche d'un interrupteur et l'actionne. La pièce est soudainement plongée dans le noir.

VOIX DE MARIUS - Ne bougez-pas! Le premier qui bouge, je le descends!

On entend un cri puis le bruit d'un corps qui tombe. Les lumières se rallument. Laurent a une main sur l'interrupteur; dans l'autre main, il tient une bouteille par le goulot. Marius est étendu sur le sol.

GUY *(tout en ramassant l'arme de Marius)* - Bien joué Laurent!

PAULETTE - T'as réussi à l'assommer dans le noir? Moi je n'aurais pas pu.

LAURENT - Tu vois, Paulette, des fois ça sert d'être aveugle.

DOLORÈS - C'est aussi oune poquito grâce à Juan qui a réussi à faire diversionne pour détourner l'attentionne. Mi querido, tou est oune vrai championne.

JUAN-PEDRO - Yé né soupportais plous qué cette broute maltraite d'aussi yolies filles. Moi, les femmes, yé né les tape pas, yé les embrasse. Ah! Dolorès! Ah! mesdames! Yé souis content dé vous rétrouver. Si vous saviez comme yé vous aime! Yé vous aime tellement qué yé souis malheureux dé n'avoir qué deux bras porqué yé né pourrai yamais vous prendre toutes à la fois.

DOLORÈS - Calmos! Né commence pas à faire le yoli cœur! Tou n'as qu'oune femme à régarder, c'est Dolorès! Souviens-toi dé céla ou yé té toue.

PAULETTE - Elle a raison votre copine, ce n'est pas parce qu'on aime les gâteaux qu'il faut dévaliser toute la pâtisserie.

JO - Vous parlez d'une comparaison ! Excusez-moi, mais si on veut continuer dans la métaphore, je vous le dis carrément, moi je trouve ça un peu tarte.

ROGER - Pourquoi ? Moi j'aime bien les gâteaux.

LILIANE *(se penchant sur Marius)* - Le pauvre ! Tu ne l'as pas raté.

LAURENT - J'ai surtout eu peur de casser la bouteille… Qu'est-ce que c'était ?

GUY - Un château-margot… C'eut été dommage !

LILIANE - Vous êtes aussi méchants que ce malheureux. *(Elle se dirige vers sa pharmacie, prend un tube de granules et revient vers Marius tout en montrant le tube aux autres.)* Bryonia Alba, idéal pour les maux de tête et les vertiges ! Je vais lui en glisser un tube dans la poche, cela le soulagera lorsqu'il se réveillera.

MARIETTE - Sainte Liliane ! Prie plutôt le ciel pour qu'il ne se réveille pas trop vite.

GUY - Mariette a raison… Si nous voulons livrer le colis à la police, nous devrions soigner l'emballage.

ROGER - Bougez-pas ! J'ai ce qu'il faut. *(Il sort pour revenir aussitôt avec une corde.)* Tu vas voir, Mariette. Dans un instant, tu vas avoir un joli paquet-cadeau bien ficelé.

MARIETTE - Je te remercie ! J'ai déjà été assez gâtée comme cela.

JUAN-PEDRO - Yé vous aiderai à lé charyer dans la voitoure.

ROGER - Ah ! monsieur veut bien conduire maintenant ?

JUAN-PEDRO - Yusqu'à la fin dé mon séyour, yé vais essayer dé contenter tout lé monde. C'est fini les dispoutes.

DOLORÈS - Oh ! Juan ! Tou es oune amour !

JO - Si vous continuez à parler comme ça, je vais finir par vous trouver sympathique.

LAURENT - Un œnologue ne devrait pas dire cela mais force est de reconnaître que tout s'arrange lorsque chacun met un peu d'eau dans son vin.

SAMANTHA - Bien raisonné, Laurent ! C'est en forgeant qu'on devient forgeron. *(Se tournant vers Jo.)* C'est certainement en se fréquentant que nous finirons par devenir fréquentables.

MARIETTE - Merci mes amis ! Vous êtes tous des amours ! Vous le savez comme moi, l'amitié est un trésor. Ce soir grâce à vous je me sens la plus riche du monde.

GUY - On a les amis qu'on mérite ! Dis-toi bien que s'ils sont là ce soir, c'est tout de même un petit peu grâce à toi.

ROGER - Et surtout n'oublions pas de te redire…

TOUS - Bon anniversaire !

FIN

AVIS IMPORTANT

Cette pièce de théâtre fait partie du répertoire de la Société des Auteurs et Compositeurs Dramatiques, 11 bis rue Ballu 75442 PARIS Cedex 09. Tél. : 01 40 23 44 44. Elle ne peut donc être jouée sans l'autorisation de cette société.

Nous conseillons d'en faire la demande avant de commencer les répétitions.

ATTENTION

Aux termes du Code de la propriété intellectuelle, toute reproduction ou représentation, intégrale ou partielle de la présente publication, faite par quelque procédé que ce soit (reprographie, microfilmage, scannérisation, numérisation...) sans le consentement de l'éditeur est illicite (article L. 122-4 du Code de la propriété intellectuelle) et constitue une contrefaçon sanctionnée par les articles L. 335-2 et suivants du même Code.

Imprimé à la demande par Books On Demand GmbH, Bad Hersfeld, Allemagne

Première édition, dépôt légal : mars 2007
N° d'édition : 200714
ISBN : 2-84422-566-7